家と自分を
パワースポットにして
大開運！

神様が味方する
奇跡のお掃除術

嶋田美幸（空 SORA）

今日の話題社

神様が味方する奇跡のお掃除術

キレイなところに　キレイなものが
汚いところに　汚いものが宿ります。

遠い昔から、日本にはものすごくたくさんの神様がいて、私たちを導いてくれています。

あなたのお家に神様の居場所はありますか？

私が小さな頃はまだ、どこのお家にも家神様が、神社に行けば神様がいらっしゃいました。

でも、最近は家神様がいなくなった家が増え、それに比例するように解決できない
悩みを抱える人が増えたように感じます。

神様は穢《けが》れに近づくことができません。
逆に、キレイな場所、美しい心の持ち主の元には
家神様をはじめ、たくさんの神様が幸運と共にやってきます。

そして、どんな時も共に在り、味方となり、
たくさんのパワーを与えてくれるでしょう。

はじめに◉幸運が手に入る　魔法のお掃除

「どうして私ばかり、つらい思いをするんだろう」
「一生結婚できない氣がする」
「家族や友達とうまくいかない……」
「誰もわかってくれない」

と悩んだことはありませんか？
私は何度もあります。

人生どん底とまではいかなくとも、
「もっとお金があったら」
「もっと健康に……もっと美しく……」
「もっと豊かに……もっと自由に……」

と、幸せを願っていませんか？

そして、その幸せを願っている自分を、恥ずかしく思ったり、幸せになることを、ためらったりしていませんか？

あなたは、恥じることも、ためらうことも、しなくていいのです。

むしろ、ぜいたくに願っていいのです。

もっと、自分のほしいものに素直になっていいのです。

現状に甘んじて我慢する必要はありません。

あなたは、いつでも奇跡をおこせるのです。

これからお話しする「奇跡のお掃除術」で、神様のパワーをいただけたなら……。

はじめまして。私は「空 ＳＯＲＡ」という名で長年開運アドバイザー、占い師として活動しており、毎月１００人、年間１０００人以上の方がご相談にいらっしゃいます。

人の悩みは十人十色。一人ひとり本当に異なります。同じ恋愛の悩みでも、片思いの場合もあれば、パートナーと上手くいかない、失恋、不倫……。

仕事の場合も、転職や人間関係、お金の問題……。

ひとりとして同じ問題、同じ答えはなく、「どうしたら相談者さんが、もっと幸せになれるのか？」と考え続ける毎日です。


実は、かつての私自身も、そうした悩みを抱えていた一人でした。いじめや人間不信、病氣、さまざまな苦い経験をしました。占い師になったのは同じように苦しんでいる人に寄り添いたいと心から願ったから……。

そして、日々相談に来ていただく方の、全ての悩みが解決できる方法はないか？と、ずっと探し続け、たどり着いたひとつの答えが「お掃除」でした。

お掃除するだけで悩みが解決するの？と思われるかもしれませんが、この本を読み終えるころにはきっと、自然と答えが見えてくるはずです。

～あなたの人生を変える、魔法のお掃除～

楽しみながら、ちょっと試してみながら、読み進めていただきたいと思います。

これからお話しするお掃除方法は、家神様からをはじめ、多くの神様から伺った「神様直伝のお掃除方法」、その中でも私自身が実践し続けて確実に効果があったもの、誰にでも簡単に続けられると感じているものです。

・どうお掃除をしたら強運になるのか？
・どんなお家に神様は宿るのか？
・神様の力を最大限に発揮するには？

それをまとめたのがこの本です。

それではこれから、神様が味方についてくれるお掃除をお伝えしていきます。

第1章では、まず家にいらっしゃる家神様とはどのような存在なのか？　家神様を味方につけるとどんないいことが起こるのか？　についてお話しします。

第2章では、神様がどんどん増える家の条件について具体的にご紹介します。

第3章からは、自宅をパワースポットにするお掃除の方法をわかりやすく説明していきます。場所ごとのお掃除法や、悩みに効くお掃除法も詳しくご紹介したいと思います。

※本書では「気、気持ち、元気」などの漢字を、あえて旧漢字の「氣」にさせていただきました。違和感があるかもしれませんが、日本古来の漢字のパワーが込められており、読むだけ、見るだけでエネルギーが整うようになっています。

目　次❖神様が味方する奇跡のお掃除術

第1章

あなたのお家は大丈夫？

～福の神と貧乏神

まずは、あなたのお家をチェックしてみましょう!

お家が「神様が守ってくれている家」かどうかをチェックしてみましょう。
ご自宅や、職場などを思い浮かべて、いくつ当てはまるでしょうか。

□ホコリやチリがテレビや棚、部屋の隅に見える
□1カ月以上使っていないモノがある
□床に髪の毛やゴミが落ちている
□2週間以上お掃除をしていない
□キッチンの排水溝にヌメリがある
□お手洗い(トイレ)掃除は月に1回、もしくはそれ以下
□不用品の整理が苦手、もったいなくて捨てられない
□古本や段ボール、紙ゴミが積んである

□とにかくモノが多い
□家にいても落ち着かない、もしくはダラダラしてしまう
□お風呂にカビが生えている
□洗面所やお風呂場の鏡、姿見などの鏡がくもっている
□洗浄力の強い洗剤が好き
□冷蔵庫の中が整理されていない
□食事は、手作りより、外食や買ってきたものが多い
□換氣を毎日していない
□家にぞうきんがない、ぞうきんがけをしない
□玄関に靴が出しっぱなしになっている
□窓ガラス、網戸、ベランダ、テラスが汚れている
□自分ではほとんど掃除をしない
□悪臭や、すえた臭いがする
□モノは少ないけれど、散乱している

いかがでしたか？　チェックリストで当てはまる項目が3つ以下なら、あなたのお家には幸運の女神や福の神、家神様もしっかりいらっしゃることでしょう。

もし、5個以上チェックが付いた場合は、貧乏神や疫病神が住みついている可能性が……。もしかしたらそのせいでさまざまなトラブルがあなたを悩ませているかもしれません。

でも、悩む必要はありません。これからお話しするお掃除をすることで、あなたのその悩みやトラブルは、解決していくかもしれません。

ホコリやチリ、ゴミの正体って？

特に何もしていないのに、チリやホコリって落ちてませんか？　マメにお掃除をしているつもりでも、氣がつくとそこに……。

ホコリの原因は布団や衣服から出る繊維のクズや、砂、土、皮膚の垢やフケ、花粉やダニ、ウイルスなどですが……これ、霊的に見ると、これから自分に降りかかる、もしくは降りかかっている、**災いや厄が具現化したもの！**　です。

そう聞くと、お家から取り除くだけでも、開運しそうな氣がしませんか？　逆に、ホコリまみれで放置していると、自ら不幸を呼び寄せているも同然。穢《けが》れは家神様のパワーを弱らせ、疫病神や貧乏神を活性化させるのです。

使わないモノから出る波動

チリやホコリ以外にも、不幸を呼び寄せるモノがあります。

クローゼットに何年も着られることなく、しまわれている洋服。「いつか履くかも」と下駄箱にしまったまま、いつまでも出番のない靴。

押し入れにずっと入れられたまま、存在すら忘れられているモノ。賞味期限の切れたドレッシングや調味料……。

こういったモノ全てから、よくない念が出ています。目に見えていないだけで、邪氣を発する「邪氣製造機」。

古くても、日々大切にしていれば問題ありません。その存在を忘れ去られているモノ、本来のお役目を果たしていないモノからは、どんよりとした氣が次々と発せられるのです。

クローゼットや部屋の隅から、

「もう何年も放置されている」

「次の持ち主の所へ行きたい」

「生まれ変わりたい……」

……と、嘆きの声が聞こえてきませんか？

モノにも魂や感情があり、また、念や私たちのその時々の感情も宿ります。

改めてお家の中を見渡してみると、邪氣を発しているモノが至る所にありませんか？

モノが多い家、片づいていない家は負のオーラが充満しています。

疫病神や貧乏神が棲みついていませんか？

今、悩みがあったり、ちょっとした災難が続いていたり、なんかだかついていないと感じたりする場合には、一度チェックをしてみてくださいね。

神様は穢れに近づくことができません。逆にキレイで清められた場所が大好きです。あなたのお家がキレイであれば、神様は災いを避け、守り、代わりに良いことを次々と引き寄せてくれます。

お掃除はキレイになって私たちの居心地がよくなるだけでなく、神様の居心地を良くし、居場所を清める効果まであるのです。「厄が払われ、神様が味方する」こんなに心強いことは他にありません。

最大限に運氣が上がり、その結果、悩みも苦しみも、どんどん良いことが起こる中で解決していくことでしょう。

お掃除で最強運を手に入れた！

少し私の話をさせてください。今でこそ講座や開運アドバイザーとして、お掃除を仕事にさせていただいていますが、数年前までは考えられないことでした。

というのも、幼少期は自分で片づけやお掃除をしたことがなく、母が全てやってくれるのをいいことに、家族に任せっきりでした。お手伝いをするのは年末の大掃除くらい。

これでは開運するはずがありません。

アレルギーやアトピー性皮膚炎、腰椎疾患、子宮頸癌、いじめや不登校、不眠症、人間不信……とあらゆる身体の不調、精神的な問題を経験しました。

「人は悩んでいる時に一番学び、成長する」というように、十代の多感な時期にさまざまなことを経験し、学び、人として当り前のこと、お掃除や身の回りのことを自分できちんとしよう、と反省しました。

そこから、私の「家神様とお掃除」がはじまります。

家神様は守護霊のような存在で、質問すれば何でも答えてくれて、当時、何から手をつけていいのか分からない私に、

「まずは捨てることからはじめなさい」と教えてくれました。


その通りに、少しずつ不要なモノを捨て、さらに手放すことを続けていると、早速、大きな変化が起こりました。

これまでは生まれつき霊感が強かったせいもあり、憑依からくる体調不良や、肩こり、不眠、人間嫌いなど、精神的にどこか不安定で……。

とにかく、超ネガティブ！　だったのが、部屋がスッキリしてくるにつれ、氣持ちも体調も安定したのです。

そして、神様は捨てること以外にも、

「こうすると健康にいいよ」

「こうしたら金運があがるよ」
と、次々と色々なことを教えてくれるようになりました。

教わったお掃除を黙々と続けてきた結果、
叶わない願いが無い状態に……。
「願ったことが次々と実現する、最強運」を手にすることができました。

やることは一つ。お掃除！
たったそれだけで最強運が手に入るとしたら……。

さあ、あなたも一緒に今日からはじめませんか？

まさに奇跡！　次々と幸運が舞込む　～お掃除　体験報告

占い鑑定や講座、セミナーなどのイベントで「神様が味方する奇跡のお掃除術」をテーマにお話しさせていただいています。

実践された方は皆さん口を揃えて、

「家の空氣が変わった！」

「霊感はないけど分かる!!」

と早い方は1日目から変化を体感し、1週間、1カ月……3カ月……と、時間の経過と共に奇跡体験も増えていきます。

掲載の許可をいただいた方の体験の一部をご紹介いたします。

お掃除をはじめたら、こんないいことが起こった！

・人と話すのが怖く、職場でも浮いた存在だった。女性ともおつき合いしたことがなかったが、お掃除を続けるうち、職場の人間関係もすごくよくなり、さらにはかわいい彼女もできた。（30代男性）

・恋人と別れ、さらに不治の病を宣告されて、失意のどん底にいたときに、SORAさんのお掃除法を知り、藁をもすがる思いではじめることに。お掃除をはじめて数日後、捨てようと思ったスーツのポケットから、「ありがとう」の文字が書かれたポチ袋が。中には2万円入っていた。とても心に刺さる出来事で、以来お掃除の意欲も倍増。氣づけば、新しい仲間に囲まれ、充実した毎日を送っている。さらに、病の治療法がわかり、状態も快方に向かっている。（60代男性）

・子どものころから肌荒れがひどく、皮膚科に通ったり、漢方、エステなど、あらゆることを試したけれどダメだった。ところが、お掃除をはじめたら肌がキレイに。自分に自信を持てるようになり、今では人の顔を見て話せるように。（20代女性）

・あきらめていた結婚が決まりました。（40代女性）

・とにかく、自分に自信がなくて外に出ることができず、精神科に通う日々。が、お掃除を行なううちに、自然と外へ出たくなり、仕事への意欲もわいてきた。（20代女性）

・空先生のお掃除方法は、お金もかからないし、音も出ないし小さな子供がいてもすぐにはじめられてイライラすることが減りました。（30代女性）

・お金をよく拾うようになりました。笑（40代女性）

・夫婦仲がとにかく悪く、ずっと離婚を考えていたが、家が整うようになったら旦那の機嫌がよくなり、今ではふたりでデートをしたり、食事に行ったりするように。（60代女性）

・とにかく、くじ運が良くなった！（20代男性）

・夜ぐっすり眠れるようになった！（30代男性）

・子どものころから太っているといじめられ、そのストレスから暴飲暴食しどんどん巨大化し……という負のループから抜け出せない。自殺も何度も考えました。お掃除をするうちに、自分の身体をまるでゴミのように扱っていたことに氣づいた。自然と食欲が落ち着き、体重もみるみる減っていった。（30代女性）

・お掃除を続けていたら、総額何千万円の仕事の依頼がきた。（40代女性）

・ずるずると関係を続けてきた腐れ縁の男性をきっぱりと切り捨て、新しい恋に踏み出すことができた（60代女性）

・家神様やトイレの神様とお話しできるようになった。（40代男性）

・カーペットをはがしたら、家の床が腐っていた。トラブルの原因がそこにあったと氣づいた。（50代男性）

・お掃除を進めるうちに、ずっと迷っていた転職を決意。すると、とんとん拍子にいい仕事に就くことができた。（20代男性）

・軽トラック2台分、本のリサイクル13箱。さらにネットオークションに出品したら、売上が全部で21万円に。子ども部屋がキレイになったら親子関係がよくなった。キッチンが片づいてきたらおっくうだった家事が少しずつ好きになってきた。本当に捨てるべきものは、ものではなくて自分の中の悪い習慣だったなと氣づか

された。（40代男性）

このように、喜びの声が多数寄せられています。

年齢も性別もバラバラ、生活環境も悩みもそれぞれ異なるなか、共通しているのはお掃除を本氣で実践したということ。

あなたも体験してみませんか？

本書の通りにお掃除を進めていけば、はじめた瞬間から、空氣の変化、家神様の目覚めのサインに氣づくでしょう。そして、お掃除をすればするほど、家神様が力を発揮し、幸運の連鎖がはじまります。

空間の清らかさや、身の回りのちょっとした嬉しい変化、3カ月後には驚きの効果が見られることでしょう。

「今までとなんか違う……」そして、1年後には「全然違う！」と。

片づけが苦手でも、お掃除が嫌いでも、少しめんどくさくても……まずはやってみてください。

家神様が目覚め、運氣が上昇していくのを肌で感じるうちに、「楽しい！」「早く帰りたい！」「もっとお掃除がしたい！」とお掃除と神様を好きにならずにはいられないはず。

お掃除の効果も、いつ、どんな形で現れるのかを、期待しながら実践してみてください。

第2章

必ず運氣はアップする！　～家神様とお掃除

お家を守る神様——家神様

「家神様」って聞いたことはありますか？　存在を意識したことは？

神社や、お寺、教会などに神様がいらっしゃるように、あなたの住んでいるお家にもたくさんの神様がいます。お家の守り神として、家の中心にいらっしゃるのが「家神様」。住人を災いから守り、導いてくださるありがたい神様です。賃貸か持ち家か、一軒家か集合住宅かは関係ありません。ホテルや病院、学校や職場、デパート、飲食店……ということも関係ありません。

一人一人に守護霊がいるように、家神様もどんな建物にもいらっしゃいます。入り口や玄関がある場所をひとつの区切りとして考えていただければ分かりやすいと思います。

家神様は家全体を大きなエネルギーで包み込み、家の中のことはなんでもお見通し、困ったことがあれば助けてくれます。「ただいま」と言うと「おかえり」とあたたかく迎えてくれ、外出先から持ち帰った念や邪氣を祓い、結界を張ってくれています。

家神様は人が住み、大切にされることで大きな力を発揮するので、家や部屋を大事にしていなかったり、誰も住んでいない場所では、徐々に力が薄れていきます。あまりに汚れたお家だと出て行ってしまうこともあるでしょう。

空き家や廃墟ビルが急速に荒れ果てていくのは、手入れが行き届かないことだけが理由ではないのです。

家神様が居なくなると、代わりに、貧乏神や未成仏霊、疫病神が棲みつきます。悪の巣窟のような場所もあるので皆さんは不用意に近づかないように……。

でも、そういった場所でもまた改めて、土地神様や家神様にご挨拶をし、ちゃんとお手入れをしながら住みはじめれば、パワースポットのように生まれ変わることもできるので安心してくださいね。

いったいどんな姿をしているの？

家神様の姿形は、住む人によって大きく異なります。私たちが一人ひとり個性があり、肌や髪の色、目鼻立ちや体型もさまざまなのと同じ。性格やオーラも違います。家神様と住人は、互いに影響し合うのです。

例えば、純和風の建物であれば日本人らしい神様。ヨーロッパやアンティーク調のモノがたくさんあるような場合には、西洋的な神様や天使のことも。また、その土地に縁《ゆかり》ある神様がいらっしゃることも。

私の実家は、瓦屋で和風の家ということもあり、真っ白い立派な髭をたくわえた、とても大きく、仙人のような、山賊のような、男らしい神様でした。

今思えば、どことなく父に似ているなと。笑

部屋が汚れていたり、住む人の心が貧しいと、その波動に同調する祟り神や妖怪が増えてきます。

神様はご加護を与えてくださる方ばかりではないので、マイナスの効果を発揮するような神様に愛されないように注意しましょう。

八百万《やおよろず》の神様

お家全体を包み込み、守ってくれる家神様の他にも、部屋ごとに神様や精霊、妖精がいて、さまざまなパワーを発揮してくれています。昔は日本中のどの家庭にも、そういう神様たちがたくさんいらっしゃいました。

例えば、キッチンには火や水を司る神様や龍神様。火事にならないよう守ってくれていたり、健康運を授けてくれていたりします。そのほか、お手洗いには財運や恋愛を司る自然霊や神様、女神様……洗面所、玄関、リビング、……と数えきれないはどたくさんの神様が各部屋、各場所に。日本には八百万……物凄くたくさんの神様がいらっしゃるのです。

私もそんな神様たちに守られ、導かれるうちに、人生を大きく変えることができました。

昔は友達もつくらず、図書館で本を読む時間や、神社やお寺が好きで、時には妖怪や不思議なモノと会話をするのが楽しくてしかたがないと思う、変な子供。できるだけ他人と関わらないように生きてきて、今でも、その本質はあまり変わっていないかもしれませんが……、お掃除と神様のおかげで、自分の能力を最大限に生かせる道を見つけ、たくさんの方とご縁をいただき、徐々に人づき合いも苦手ではなくなりました。

神様がパワーを出せないのはどんなとき？

このように、お家のさまざまな場所に神様はいらっしゃるわけですが、穢れた場所からは離れていってしまいます。また、感謝の氣持ちがなかったり、存在を信じていなかったりすると神様の力は十分に発揮されません。

さらに、掃除が行き届いていない、不要なモノが多い家には、ホコリと一緒に不要な念が集まってきます。人の邪氣や、浮遊霊、疫病神から貧乏神まで、妖怪の場合もあるでしょう。このないわゆる、地獄霊がいつくと、そのまま、地獄のような出来事や人が集まるようになってしまします。

商売をしている店の場合は、クレーマーやしつこく値下げを求める人など、少々タチの悪いお客様がなぜか多く訪れることになるでしょう。

オフィスでは、トラブルが多く、売上が上がらないなど業績にまで影響してきます。「類は友を呼ぶ」人と同じく、部屋にも波長があり、同じ波長の人を自然と呼び寄せるのです。場を美しく整えればそこを訪れる人の雰囲氣が変わり、氣持ちの良いお客様、取引先との出会いが増えます。実際、お掃除をしたとたんに、大口の契約が取れたという嘘のような報告も一つや二つではありません。

神様に味方されると同時に、最大限に自分の運氣を上げるには、普段から感謝の氣持ちを表しましょう。そして、お家の中には神様の居場所を整えるのです。そうすれば遠くの神社や大自然に出かけなくても、その場所が「あなただけ」の特別な「パワースポット」となるのです。

あなたのお家にパワースポットはありますか？

この後で、部屋ごとにいる神様についてご紹介していきます。

家が汚れていると、パワースポットに行っても無意味になる

最近、神社やパワースポットにお出かけになる方も多いのではないでしょうか？
神社などにお参りに行き、真《まこと》の心で「力を貸してください」とお願いすれば神様は一緒に来てくださいます。お守りやお札にも、しっかりと神様の御霊やエネルギーが入っています。ただし、大切なのは冒頭にも書いた通り、「神様は穢《けが》れに近づけない」ということ。

お家が汚れていると、神様は居心地が悪くて早々に帰ってしまわれます。

日本には神社仏閣をはじめとする素晴らしいパワースポットがあり、中には恋愛、金運、子宝などの明確なご利益を授かれる場所まで存在しています。

ところが、どんなにすごいパワースポットに行って、一時的に運氣が上がったとして

も、お家に帰ったとたんにリセットされる。それではもったいないと思いませんか？

今まで色々なパワースポットに行ったのに、今ひとつご利益を実感できないという方は、まずはお家の中を見回してみましょう。

あなたのお家は、良いエネルギーを維持できる状態ですか？

神様にとって、居心地の良い場所ですか？

ちょっと自信がないかも……、と思ったら、まずはお家のお掃除から始めてみましょう。

お家の中がキレイになると、家全体の雰囲氣が良くなるだけでなく、自分の出すオーラや表情まで明るくなります。イライラすることも少なくなり、心に余裕が生まれ、その結果物事が順調に進むでしょう。

お家は自然と早く帰りたくなる、居心地の良い空間に。家族も自分も安らぐことができ、夫婦仲や親子関係も改善します。これらは全て、特別なことではなく、これからお話しすることを実践すれば……誰にでも起きる出来事の一部。

家神様とのお掃除で、自宅と自分をパワースポットにしていきましょう。

部屋別・神様の特徴

●玄関前、玄関——門番は悪運をシャットアウト

玄関には、外から入る念や悪運をはね除け、悪霊を祓ってくれる門番や、結界を張る強い神様たちがいらっしゃいます。騎士、武士、犬、オオカミなど、家によって特徴は異なります。玄関が汚れていると、門番の役目を果たせず、福の代わりに浮遊霊や悪霊を呼び込む霊たちがウヨウヨしはじめます……。

あなたにも、玄関前でうつむく……ゆらゆらと手招きしている女性が見えませんか？

●キッチン、洗面所、風呂など——水の神様、龍神様

水回りには水神様や龍神様。そのほか、キッチンには火を司る神様や料理の腕を良く

してくれる神様まで。火を司る神様は炎のように扱い次第では危険を伴います。普段は火事にならないよう、食べ物が痛まないよう守ってくれますが、油汚れや食べ残しで汚れてくると荒ぶる神となるか、離れていってしまうので注意が必要です。お家によっては女神様、河童、水神様、天狗、蟹、小人など、さまざまな形となって現れるでしょう。

ちなみに、ＩＨとガスコンロとでも神様のお姿は多少違います。ＩＨキッチンの神様は現代風……。笑

また、汚れていると、動物霊、餓鬼、黒っぽい蛇や、禍々《まがまが》しい霊などが集まり夜な夜な悪さをします。

●鏡――美しさ、出逢い運

鏡は古来から不思議なパワーが宿るもの。鏡そのものがあの世とこの世の境界であったり、女神様や美を司る神様が多くいらっしゃいます。美しくなるのを手伝ってくれる精霊や付喪神《つくもがみ》もいるので磨けば磨くほど恋愛、美容、出逢い運などにパワーを発揮します。

●お手洗い（トイレ）

お手洗いについては第7章で詳しくご紹介します。先に氣になる方は179ページへどうぞ。

●寝室――癒しの女神

寝室には癒しの神様がいらっしゃいます。家によっては、植物の精霊や妖精が温かな光としても現れるでしょう。

寝ている間に氣力、体力、霊力を回復し一日の感情や疲れを癒し、記憶の整理をしてくれます。

嫌なことがあっても、朝起きるとなんだかスッキリしているのはこの神様たちのおかげです。

寝室やシーツ、枕カバーなどの寝具が汚れていたり、お風呂に入らず汚れたまま寝ていると、何者かが顔を覗き込んでくることがあります。仕事帰りに拾った、念や霊がそのまま居つき、不眠や精神疾患の原因にもなるので、寝室は特に清潔にしておきましょう。

●屋根、天井、家の上空――ちょっと強面。外からの災いを吹き飛ばす

ここには玄関と同じように、厄や災いを吹き飛ばす、強く、時には厳しい神様たちがいらっしゃいます。姿は大きくて凛々しく、近寄りがたい雰囲氣が特徴です。タカやワシ、カラス、大天使など……大きな羽と鳥のようなお姿をされている場合もあります。この神様たちの目に見える範囲でいたずらや悪さをすると、きつく叱られるので氣を付けてくださいね。

●リビング、床の間――守護霊もくつろぐ場所

リビングは、神様やご先祖様もくつろぐ場。清められたリビングは温かいエネルギーに満ちていて自然と家族や人が集まります。家神様や天照大神も顔を出すことが多いの

がリビングです。

中心となるエネルギーを発するリビングが汚れていると家全体の空氣が悪くなり、部屋にいても落ち着かない、安らげない……ということに。

テレビを見たり食事をしたり、長時間過ごすところなので、念が溜まりやすく、寂しがり屋の霊も集まりやすい場所でもあります。

定期的にお掃除をして、しっかり厄を祓いましょう。

●お風呂、洗面所――穢れを落とす、禊の場

お風呂や洗面所など、水を扱う場所、水回りは厄を落とす効果があり、水の流れと共に神様が穢れを遠くに運んでくださいます。この場所には、水神様をはじめとする、龍や白蛇、女神様など水に関わる神様がたくさんいらっしゃいます。

汚れていると一変して、妖怪や自分が洗い流した邪氣で溢れ、あっという間に霊のたまり場になってしまいます。

●クローゼット、押し入れ――財産を守る納戸神

クローゼットや押し入れには日本古来の納戸神や座敷童が、洋服や大切な思い出のモノが痛まないよう見てくれています。また、泥棒や貧乏神に狙われないよう財産を守っていいます。ホコリだらけであまりにも荷物が多すぎたり、風通しが悪くじめじめしているると出て行ってしまうので、換氣や定期的に荷物の入れ替えをしましょう。

今はまだ、神様の存在が感じられなくても、信じられなくても大丈夫。お掃除をするうちに、あなたの守護霊が、家神様が、他の神様を呼び戻してくれるでしょう。

生活に深く結びつく、食料品店の神様たち

スーパーや八百屋さん、市場、買い物に行ったとき、どんな基準で食材を選んでいますか？

新鮮な野菜、賞味期限の長いものばかりを選んではいませんか？　買い物をする全ての人が、全員新しい食材ばかり買ったとしたら……。

以前、スーパーで「見切り品コーナー」の前を通ったとき、悲しそうにしている女神様がいて、話を聴いてみると、

「ここにあるのは、水、大地のエネルギー、農家の人の愛情など、さまざまなもので生まれ、今も生きている。なのに新しくない、という理由だけで捨てられてしまう……」

そう言って買い物をする人々の行動、廃棄処分される食べ物、その先の環境に対する

映像を走馬灯のようにみせてくれました。
そこに映る人々は、自宅では、賞味期限の近いものから選んで調理し、食べていくのに、スーパーでは全く逆のことをしていました。牛乳やお肉などは特に、賞味期限が少しでも新しいものを求め、奥から引っ張り出していたり、少しでも傷みや傷があると選ばない。このことによって、古いものが残り大量に廃棄される食べ物がありました。

世界には飢えに苦しむ人々がいます。
この話を聞いて……あなたは何を選びますか？

もちろん、腐ったものを買う必要はありません。でも、今日、その日に使うものなら賞味期限の近いものから選びませんか？　その行動は社会貢献になるだけでなく、食べ物の魂、土地神様からも感謝されます。スーパーの神様も喜ぶので、ちょうど良いタイミングで割引になったり、レジに並ばずにスムーズにお会計ができたり……といった良いことも次々と起こるでしょう。さらには衣食住に困ることや、不安なことが無くなります。

時には、食材の視点に立ち、話しかけてみてください。おいしくなる調理方法を教えてくれたり、自らより甘くなったり、面白いことがたくさんありますよ。

第3章

「神様が好きなお家」の条件

お掃除で運氣が上がる理由

なぜお掃除することで運氣が上がるのでしょうか？

私たちの肉体は、実は「魂の器」。肉体も魂も、どちらかひとつでも欠ければこの世で生きていくことはできません。

その肉体と魂を休ませ、充電するための場所が「家」なのです。

神社の「社」と同じく、清められた神社の神様は美しく輝き、掃除が行き届いていない神社と神様が荒れていくように、私たちと家はお互いに影響し合っています。


また、家は「運氣の器」。

コップにたっぷりとお水が入っているのを想像してください。この中に新しくお水を注いでもすぐに溢れてしまいますね。

運氣もそれと同じ、不要なモノで家をいっぱいにしていると、運氣が流れるスペースが無く、毎日くるチャンスや縁をつかむことができません。

善い氣を取り込むためにはまず、不要なモノを捨て、大きくスペースを空けることが何よりも大切です。

その症状、貧乏神にとり憑かれていませんか？

散らかっていても氣にならない、お掃除もほとんどしていない。けど、特に居心地の悪さは感じない、むしろ落ちつく。という場合には注意が必要。

その症状、貧乏神や疫病神と同調している可能性が高いのです。汚い部屋、荒んだ部屋で平氣なのは、「同じ波動を自分自身が出している」ということです。テレビで例えるならば、地獄チャンネルや貧乏通信にチャンネルを合わせている状態。自分自身が邪氣を発しているので、同じモノと状況を延々と引き寄せ、違和感に氣づくことができないのです。

それでも、少しずつ片づけを進めさえすれば、だんだんと散らかっている状態に居心地の悪さを覚えてくるでしょう。「イヤだなあ」という氣持ちが芽生えたら波動が明るく変わってきた！　というサインです。貧乏神も自然と離れていくでしょう。

どこかを少しでもキレイにすると、大抵の場合、これまで氣づかなかった、別の場所の汚れが氣になりはじめます。お風呂場のカビや、窓のサッシ、玄関の表札……と、お掃除したい場所が無限に増えていきます。

この、今まで氣にならなかったことが見えてきた時、次元が上昇していきます。運氣が上向きになっていく証。そこまでくるとお掃除が楽しくて仕方ない！　ということになっているかもしれません。

また、見えないものが見えてくるというのは、「霊感」や「霊性」が覚醒し目覚めたということ。今まで聴こえなかった守護霊や家神様と対話したり、ふとした時に閃きや直観が降りてくるでしょう。私も、お掃除を本格的にはじめてから、自動書記で講座やセミナーの資料を作成できるようになりました。

霊感と言うと、特殊な能力のように感じるかもしれませんが、生まれつき誰にでも備わっている能力のひとつ。ただ、大人になるにつれて直観を信じる力が弱くなり、常識や他人の価値観に影響されるせいで、一時的に力が鈍くなっているだけ。

お掃除は、魂も磨くことができます。

思い込みや執着、余計な心の垢を落とし、本来の自分を取戻し、直感、霊感も戻り、心も身体もみるみる軽くなっていくでしょう。

お掃除で自分をパワースポットに!?

方位や風水、氣になったことはありますか？　私も仕事で引っ越しの時期や物件の相談をよくうけます。

確かに、本当にお祓いや浄化が必要な場所もあり住む土地の影響は少なからず受けます。

でも、過去の歴史を振り返り、この地球上で誰も亡くなったことがない場所や完璧なパワースポットが果たしてどのくらい存在するでしょうか？

良い場所や時期を苦労して探すよりも、どこで何をしても大丈夫と、自分を「パワースポット」にすることをおすすめします。

もし自分がパワースポットになったとしたら……？

例え因縁の土地に住んでいても、厄年であったとしても、影響を受けることはありません。

（ちなみに厄年の本来の意味は、お役目を果たす年。という意味なので一生懸命ご自身の役目をはたしていれば飛躍の年となるので怖がる必要はありません）

逆に、どんなに良い場所、時期を選んでも自分自身が発している氣が悪いとどこに行っても嫌なことを引き寄せます。

まさに逆パワースポット。あなたの行く先々で不幸なことが起きてくるでしょう。

あなたはどちらの波長を出していますか？

そして、人の波長は伝染します。電車や会社などで近くに不機嫌な人、喧嘩している人がいると氣分が悪くなることはありませんか？　逆に、笑顔の人や山や海、自然の多

いところへ行くと氣持ちがいいですよね。

私たちは無意識のうちに氣（エネルギー）を感じ取って生きています。

このことをたくさんの人が意識し、自分をパワースポットに整えることができれば、たとえ満員電車や人ごみでも居心地の良い空間になり、平和な世の中になるでしょう。

では、どうしたら自分自身をパワースポットにできるでしょうか？

その一番の方法が「お掃除」なのです。

これまで年間1000人以上のご相談を受け、さまざまなワークやヒーリング、ヨガや誘導瞑想をやってきた中で誰にでもできて、一番効果があったのがお掃除でした。

汚れも、しがらみも……はがすとキレイ

お掃除の良いところは、部屋がキレイになり、神様が力を発揮してくれるだけなく、自分の〝心〟の垢まで「はがれて」「キレイ」になることです。

あなたの抱えている余計なものは何ですか？

しがらみや見栄、執着、欲……など、さまざまなものを知らず知らずのうちに身にまとっています。ときには身動きが取れず、がんじがらめになることもあるでしょう。お掃除をすることで、心の中の執着が消え、自分の核となるものがしっかりと見えてきます。ものを捨てると物理的なことだけでなく、自分の心の中にある、不要な考え、観念、思い込みも全て捨て去ることができるのです。

人は生まれたときには何も持っていません。死ぬ時も同じ、何一つ物質的なものを持って帰ることはできません。あの世へ帰るとき、持ち帰れるのは経験や魂に刻んだ想いだけ。

あなたが今悩んでいることは何ですか？

地位や名誉、お金、恋人、家族……、自分が本当に望んでいることを、理解していますか？

余計なものが多いと、本当に必要なものが何なのか自分の心まで分からなくなってしまうのです。

多くのものに囲まれると、選択肢が増える分、悩みはみるみる増えていきます。そのうち何が本当に必要なものなのか、自分を見失う。洋服ひとつにしても、「新しいのを買わなきゃ」「流行を取り入れなければ」「靴やバッグも」となるのは、洋服が好きで楽しくてしているのか、ストレスを物欲で満たそうとしているのか、それとも、美しく着飾らないと周囲に見捨てられてしまうかもなどの自己否定からきているのか、理由はさまざま。

でも、その奥にある本当の感情や思いまで理解し、行動する人はとても少ないのです。

ある人が言いました。

「便利は、不便。不便は、便利。」

そうですね。

一度立ち止まって、心の声を聴いてください。

「本当はどうしたい？」と。

そうすることで、本当に望んでいるものが分かり、自分の価値観を余計な情報や他人の意見に振り回されることがなくなります。

ものを減らしていくだけで、世間の目を氣にせずに生きる自由を手に入れることができるのです。

多くの方は、未来への不安をどうにかしたいと相談にいらっしゃいます。しかし、未来は変わるもの、不安定だからこそワクワクしたり楽しく感じるのです。

今日この瞬間に半年後、一年後に雨が降るかを心配して気を揉んだり不安になったりしてもしかたがないのと同じこと。

雨が降ればその時に傘をさし、無ければ買うというような対処をすればいいだけ。何も大げさに心配する必要はありません。老後の不安や、一年後の自分の将来を憂うのも同じ、きっと杞憂に終わるでしょう。

未来は今日の延長、今日は24時間の積み重ね、今この瞬間を心地よく過ごせれば未来へ向かって心地よい種が蒔かれ1年後、10年後、美しい花がさくでしょう。

逆に言えば、今が心地よくないのであれば、未来に向かってその状況が延長されるということです。

何かをはじめる前に、やめたいこと、やりたくないことを明確にしましょう。

お掃除は未来の汚れを予知したり、バリアを張ることはできません。でも過去から蓄積した汚れや、目の前の汚れを落とすことはできます。

今、この瞬間に集中することができるだけでなく、お家の汚れが落ちると同時に、心に染みついたシミや汚れも、キレイになっていくでしょう。

モノが捨てられないあなたへ

私もかつて「もったいない」を理由にモノが捨てられない子でした。でもそれこそ悩みが増える原因。

家にあるモノの数と悩みは比例するのです。

モノが多いということは、決断力がないということ。何が必要で、何が不要なのか自分を見失っています。また、視界に色々入ってくるので、迷いが生じやすく、それだけでも脳の処理は大変。脳が疲れやすく、めんどくさくなったり、「もうどうでもいいや」と投げやりで落ち込みやすくなります。そしてさらに片づけや掃除に集中できない……運氣も停滞し、さらに悩みが募り……という負のスパイラルに陥ってしまうのです。

まずは不要なモノを捨て、負の連鎖を断ち切りましょう。不要なモノを捨て、本当に必要なモノだけを選ぶことは、人生で本当に必要なことを選ぶことと、リンクしてきます。

もし、捨てるのがもったいないと感じるならば、もう二度と無駄なモノは買わないと誓い、一度だけ思い切り断捨離しましょう。

先にも話したように、人生は決断の連続です。

「今日、どこに行こう？」「何を食べよう？」というような日常の小さなことから転職や結婚、引っ越しなどの大きな選択まで、私たちは毎日決断を迫られています。身の回りには、自分が本当に必要なモノだけを置くようにすると、何が本当に大切なのかなのか？　ということも自然と見えてきます。

モノが減るだけで、悩みも生活もシンプルに

自分が今必要としていないモノを捨てることで、生活はどんどんシンプル。それと同時に、迷いからも解放されていくのです。

モノが少ないと選択肢も減り、迷わなくなります。

私の場合は洋服も３着程度しか持っていないので、今日何を着ようか？　と迷い、時間を無駄にすることもありません。洗濯するタイミングも決まっています。

このように、「服を減らす」だけでも生活はすごく変化します。

また、「いつも同じ服を着ていて恥ずかしくないの？」と嫌な顔をされることも過去にはありましたが、お互い価値観が合わないなと、無理なお付合いをする必要もなくなります。

（念のために書いておくと、洋服をたくさん持つことが悪いということではなく、私は必要ないタイプということです）


勉強や仕事、何かをやろうと思ったとき自分にとって大切なモノだけあったら、テレビや雑誌、漫画など他に集中を乱されることなく、すぐに取りかかることができます。

必要なのか、不要なのかは、本人にしか分からない。他人からはただの古い手紙に見えても、自分にとっては宝物かもしれません。

重要なのは、自分にとってどうなのか。ということ。他人の意見や常識に惑わされず、自分の軸を決めてください。自分の軸が在るだけで、人生は驚くほどに楽になります。他人の評価を氣にしたり、他人の意見に惑わされるのは終わりにしましょう。

そのための第一歩が「モノを捨てる」ということなのです。

家神様の最初の言葉「まずは捨てることから」

それに従い、私は〝これ〟を捨てました。

はじめはもったいない、いつかまた使うかも……と優柔不断でなかなか進まなかったお掃除。少しずつ、ちょっとずつ……いつしか大胆に手放しました。主に、次のようなモノです。

・洋服　・ソファ　・カーペット　・枕　・掃除機　・下着　・靴　・化粧品　・冷蔵庫の中　・調理器具　・洗剤　・消臭剤

●ソファ

ソファは、ぞうきんがけをするたびに動かすのがめんどうで、場所をとるな、と感じていました。思い切って捨てたらスッキリ。なんとなく「リビングにはソファがないといけない」というような思い込みから置いていたけど、無くなるとソファでだらだらすることも無くなり、お掃除の手間もはぶけ、時間も有効に使えるようになりました。実はそれほど必要ではなかったのです。

●掃除機

「掃除機がなくて、本当に大丈夫なの？」と驚かれますが、はたきとほうきを利用しているのでまったく問題ありません。何より音や、電源の位置を氣にせず氣になったときにいつでもお掃除ができるのでとても快適です。

●ベッド、枕、布団

人生の三分の一は睡眠。

というように睡眠は人生を左右するとても重要な行為です。睡眠不足や睡眠障害は時に死につながることも。

そんな睡眠と切っても切れない関係にあるのが寝具。

私自身、過去、「眠れれば何でもいい。」と適当に選び、腰痛や不眠に悩まされ寝具を何度も買い替えた経験も。思い返せば、モノへも、自分へも愛情が足りていなかったのです。

今では身体との相性、柔らかさに合わせた、以前よりずっと質の良いものを選んで使っています。きっとこれは一生のお付合いになるはず。

枕は、自分のコンディションに合わせてバスタオルを畳んで使っています。頭の位置に合わせて微調整ができるので肩こりや不眠に悩む方にはおすすめです。また、高すぎる枕は首のシワの原因になるので寝具も見直してみてくださいね。

●カーペット

カーペットを捨てたら、お掃除が格段に楽になって、すっきりしました。カーペットはホコリを取ってくれるので、ありがたい存在とも言えますが、半年や一年、ホコリがついたままのものを置きっぱなしにしているのはちょっと氣になりますよね。かといって、そう頻繁に洗えるものでもありません。半年ごとに買い替えるのは経済的でもありません……。というわけで、思い切って捨てました。

●化粧品

かさばらないので忘れがちなのが化粧品。たくさんの使いかけの美容液やリップクリーム、アイシャドウ、ファンデーション……、そのままにしていませんか？

また、汚れたパフやブラシでは美しくなることはできません。化粧は結界を張る行為でもあるのに、朝一で邪氣を顔に塗るようなもの。そのまま出かけても良い出会いなどなさそうなのは想像できますよね。

化粧品は長い間置いてあると酸化します。お肌にもよくないので、古すぎるもの、高くても使っていないものは思い切って処分しましょう。

●下着

男性も女性も、下着の扱いには氣をつけましょう。下着は肌に直接触れる分、ダイレクトに運氣や氣分を大きく左右します。自分の氣分が高揚するもの、着心地や肌触りの良いものを選びましょう。恋愛や、出会い運を上げたい場合は、下着を新調してみましょう。過去の行いや、古い運氣を水に流してくれます。

黒系の下着は身体を冷やすので、できるだけ明るく、締め付け過ぎないものを選びましょう。活力が欲しい方は赤系、恋愛運をアップさせたい場合はピンクやパステルカラーを。これは洋服も同じです。

お付合いする相手が変わったとしたら下着も新しくすること。その思いが、愛を長続きさせます。

●靴

靴もコレクションや特別な意味がない場合は、持ちすぎない方がいいでしょう。私の場合は、ヒール、スニーカー、サンダル、の3足です。少なくとも下駄箱に入りきらない出番のない靴は処分しましょう。

●洗剤・消臭剤

今は、トイレ、お風呂、洗濯、台所と場所によって洗剤の種類が違いますよね。それを不思議に思ったことはありませんか？

収納場所もとるし、本当はそんなに細かく分ける必要はないはず。私はトイレ、お風呂、洗濯、台所、全て同じものを使っています。身体を洗うものも、シャンプー、洗顔、ボディソープ、ハンドソープも1種類です。おすすめの洗剤については、後の章でご紹介しています。

また、生分解性洗剤や環境に配慮したものを選ぶと、地球や自然霊が味方して話しかけてくれるようになります。香りにも敏感になり、直観や閃きも研ぎ澄まされ、悪人が香りで見分けられるようになりますよ。笑　それでも香りが欲しいときは、お花や天然のアロマオイルをおすすめします。

●冷蔵庫の中

ダイエットしたい人にお勧めしたいのが、冷蔵庫のお掃除。冷蔵庫の中にあるもの、全て把握できていますか？　無駄な食材、賞味期限が何年も前のもの、ありませんか？　放置された調味料、ドレッシング、ぎゅうぎゅうに詰め込まれた冷蔵庫というのは、自分の身体にも余計なものを詰め込みがちということ。

ダイエットを考えている方は、冷蔵庫の中を整理するだけでも、不思議と体重が落ちてきます。私はこれを「霊的ダイエット法」と勝手に名付けて探求しています。

●人形・ぬいぐるみ

ぬいぐるみなどの人型をしているものは魂が宿りやすく、大切に扱えばパワーアイテムにもなりうるでしょう。でも、邪氣も吸いやすく、本来は持ち主に来るべき運氣も人形が吸収するのであまり持ちすぎるのはおすすめしません。

特に、寝室や玄関など、運氣の出入りに重要な場所はさけ、飾るならリビングに少しだけにしましょう。

不用品は売る？ 捨てる？

いらないものをフリマサイトなどに出品しようと思いながら、そのまま置きっぱなしになっているものはありませんか？「いつかやろう」と思いながら半年以上経ってしまっているような場合は、思い切って捨ててしまいましょう。不要なものからは「貧乏波動」や「めんどくさい」、もったいないお化けがついていたり……。

早く処分しないと、どんどんその悪影響を受けることになってしまいますよ！

洋服は邪氣から身を守る鎧

食べ物は身体の中からエネルギーを補充してくれるように、洋服は外からエネルギーを補充してくれます。また、念や邪氣をはじいたり身を守る鎧の役割も。当然、そこには寿命があります。

人前に出る機会が多かったり、人の多い場所でお仕事をする方は、洋服の持つエネルギーが減っていくのも早いでしょう。

生地が痛んでいなくても、なんとなく色あせて見えたり、くすんで見えたりしたら、寿命が近いのかも。

そんな時におすすめなのが、一つまみ塩を入れて洗濯すること。洗剤と一緒に粗塩を入れて洗濯するだけで、邪氣が祓えエネルギーが復活します。邪氣祓いになるだけでなく、洋服の結界の効果も高くなり、着心地や香りの感じ方まで変わるので是非一度お試しください。

私の場合は、粗塩で洗濯した後はほのかに海の香りがして、何とも言えない心地よさを感じます。

お氣に入りだったはずなのに似合わなくなった、素敵だと思えなくなったという場合は、その時のエネルギーから変化したということなので手放しましょう。違和感を感じる古いものを持ち続けると、成長の妨げになることも。

時には思い切りも大事です。

大量の洋服はコンプレックスの現れだった？

そんな私も、少し前までは大量の洋服を捨てられずにいました。というのも、四人兄弟の末っ子で、洋服はいつもおさがり。その代わりに、年の離れた姉からは毎年大量の洋服、ブランド物のバッグ、靴、アクセサリーが降りてきました。

そうなると、必要ないと感じながらも、ブランドだし、いつか使うかも……、私が捨てたら誰も引き取り手がいないし、もったいない、と捨てられずにいました。

それに加えて、私はモノに宿った魂とも会話するタイプですので、そのモノから、捨てられることを残念そうに話されると、とてもじゃないけどおさがりを全て処分するという氣にはなれませんでした。

その結果、実家で過ごした十数年、モノは増え続ける一方でした。

今だからその意味がわかる、私の黒歴史ですね。でも、この片づけができない、モノが捨てられない、と悩んだ歴史があるからこそ、同じように悩んでいる方に寄り添い、アドバイスができるのだと思います。

１００着以上あった洋服たちも、今ではワンシーズンで着まわすのは3着ほど、部屋着を入れても5着以下になりました。

そして、いらないモノを捨てていくうちに、私の心もクリアに。大量の服やアクセサリーに囲まれて過ごしていたのは、「自分に自信がなかったから」ということに氣がつきました。

物が捨てられないのは、次々とブランド品や化粧品を買い替えたり、欲しいと思うものは買い揃えては、今よりキレイにならなければ……、このままではダメ…!…、と心の深い部分で不安を抱えていたからです。それが分かってからは、他人のため、誰にどう思われるかではなく、自分が着心地の良いもの、使いたいものを選び、自分ためにお洒落を楽しむようになりました。

だから私は、誰に何を言われようと、自分の生きたいように生き、毎日同じだったとしても、自分の着たい洋服を堂々と着ています。

これは２０１３年にミス・ユニバース熊本に選ばれ、ビューティーレッスンという全国の美女と競い比べられる環境に身を置き、その後、２０１４年ミスユニバースジャパンの育成に携わった経験からもきていると思います。

それまで霊や宇宙、精神世界のことにしか興味がなく、どうやったら幽体離脱ができるのか、前世っていくつあるんだろう？ というようなことばかり考えてきたのに……この２年間は本当の美しさとは？ ということを徹底的に考え、競い合い、氣がついたら、世界観が違いすぎて、泣きながら自分と向き合う日々……。

本当の美しさって、何？
自分らしさって…？

そこでたどり着いた答えは、
きっと、「自然体」でいられること。
そのままの自分を愛し、受け入れられること。

何かが足りないと、鎧をまとうように、
知識や常識だけでなく、見た目もそう、
ダイエットやメイク、
男性なら筋トレや仕事を、頑張りすぎて、
無理をしていませんか？

あなたはその身そのままが一番美しいのです。

モノを捨てると散らからない

モノを捨てるメリットは、他にもあります。

「片づけたのにすぐに散らかる」
「せっかく掃除してもすぐ汚れるし、無駄なことはしたくない」

忙しかったり、氣持ちに余裕がないと、そんなことを思いませんか？　かつての私もそうでした。

頑張ってキレイにしているのに……翌日には、なぜか散らかり、洗濯物も増えていく……。

持ちモノを最低限にすると、この「片づけのループ」からも抜け出すことができます。

当り前のことですが、モノが少ないので、散らかりにくく、片づけにかかる時間もグッと短縮されるのです。

運氣を変えるコツ

「運氣を変えたい」そう思ったら、行動、言葉、意識、この三つが鍵。そして「習慣」を変えること。けれど、それが難しいからこそ長い時間、悩みが頭から離れないのですよね。

そんな時は環境を変えましょう。環境を変えるには余計なものを省いていくこと。普段、無意識にやっている我慢やストレスに思うことを意識的に止め、新しい学びや趣味、何かをスタートする前に、まずは減らすことが重要です。

そうすることで無理なく習慣を変化させることができます。

もう一度、繰り返します。

私たちは生まれてくるときは何も持っていません。

死ぬ時も何も持って帰ることはできません。

なのに、生きている間はたくさんのものを持ちたいとあがき、苦しむ。それはお金や洋服、車などの物質的なことから、地位や名誉、人からどう思われているのかなどの目には見えないことにまで。

自分以外の何かが増えれば増えるほど、自分を見失い、悩みや苦しみが増えていきます。

あなたが両手に抱えているものは、本当に大事？　命よりも、時間よりも大切ですか？

迷ったら全部捨ててしまおう！

部屋にあるモノを捨てるとき、「これ、捨てようかな。いや……やっぱり……まだ使えるかもしれないし……」と迷うことってありますよね。

でも、考えてみてください。例えば、携帯やお財布を捨てるかどうかは迷いませんよね。

お氣に入りで、毎日使う道具も同じように、迷ったりしないはず。ということは、捨てるかどうかを迷う時点で、自分にとってはあまり必要がないということです。

もし、捨てることも片づけも苦手で、人生も今、上手くいっていないというあなた。

思い切って手放しましょう。

捨てようか……どうしようか？　と悩むのは、自分のことが自分で分からない、判断できていないということ。

本質を見失い、だから悩むのです。

モノが少なくなると、収納スペースも必要なくなり、生活空間がとても広々します。

使いたいモノを使いたいときにすぐ見つけられ時間も有効に使える。

よく「部屋が狭い」「子どもがいて部屋がすぐに散らかるから……」などの悩みで今

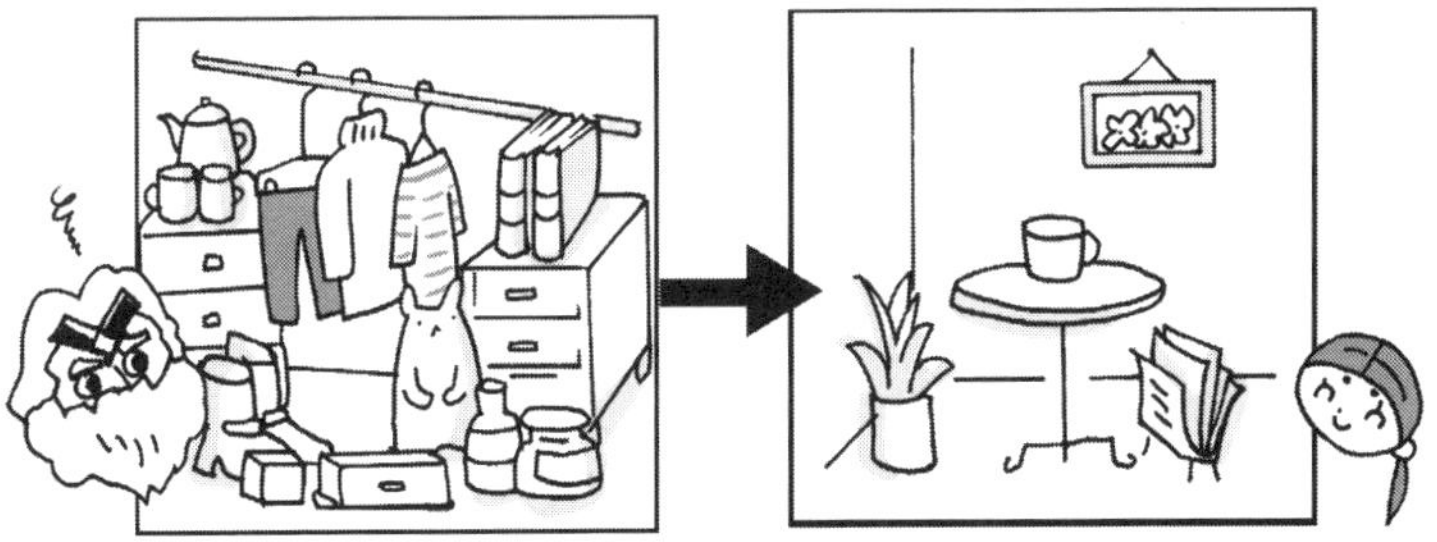

よりも広いお家へ引っ越したいと相談を受けることがあります。

でも、狭いを理由に引っ越しを考える方の約6割は、部屋全体や、クローゼット、引き出しなどの収納スペースが無駄なモノで溢れていて、モノを減らせば引っ越しをしなくて良くなる場合がほとんど。引っ越しを考えている方は、まずはモノを減らすことからはじめてみましょう。

せっかく引っ越しても、家の大きさに合わせて物が増え、また同じ悩みを抱えることになりかねないのです。

自分と自宅をパワースポットにするワーク

好きなモノだけ、必要なモノだけある部屋というのは、機能的であるだけでなく、居心地が良く、外で疲れた身体と心を癒してくれるものです。

片づける前、お掃除をはじめる前に以下のワークをすることで、簡単に自分と自宅をパワースポットのように高次元の波動にすることができます。

まず、楽な姿勢でイスに座り、軽く目を閉じてゆっくりと深呼吸します。できるだけゆっくり、自分のペースでいいので3回ほど深呼吸を繰り返します。

氣持ちが落ち着いてきたのを感じたら……想像してみましょう。最近一番楽しかったことや、好きなこと。

例えば、おいしい料理を食べているところ、恋人とのデートや、お氣に入りの場所を訪れたときの心地良さ……または、自分の夢が叶った瞬間、成功したビジョンを頭の中に思い描いてください。

想像できたら、そっと、目を開けましょう。

はじめる前よりも、視界がクリアに明るく感じたり、呼吸が深く、楽になったりしていたら成功です。

この瞬間は普段の自分よりもエネルギーが高まり覚醒している状態。このまま、部屋の中をぐるっと見回してみましょう。

その中で、違和感を覚えるものがあれば、自分の波動を下げるものとして認識しましょう。捨てる捨てないはそれぞれの価値基準の中で自由。ですが、波動を下げるもの全てを捨てることができれば、お家の中も自分をクリアに、良い状態をキープすることができ、おのずと運氣UPすることでしょう。

また、外から余計な邪氣を持って帰ったとしても、それらを浄化してくれる部屋となり、良い循環が続くことになります。

想像や視界がクリアになるという体験が感じられなかった方も、深呼吸するだけでも浄化やリラックスの効果は十分にあるので諦めずに続けてくださいね。

慣れれば簡単に波動を感じられるようになります。

（私の講座やセミナーにいらした方の8割は5分くらいでできるようになるので、もし、何度試しても難しいという方は直接レクチャーするのでいらしてください）


普段から、モノの波動を感じられるレッスンをしてみましょう。まず自分の波動レベルを最大にしたら、そのレベルと同じかどうかという目線でモノを見るクセをつけるのです。


続けるうちに、自分の波動に合ったものだけが周りに残っていきます。そして、自分と波動の異なるものは自然と手放したくなってくるでしょう。

ムダなモノは自然と淘汰され、本当に必要とするモノだけが家の中にある状態へと変わっていきます。これこそが真に居心地のいい家です。そして、神様ものびのびとその力を発揮してくださることでしょう。

第4章

自宅をパワースポットにするお掃除術

パワースポットって何？

パワースポットと聞くと、皆さんは何を想像しますか？　神社やお寺、大自然などどこか特別な特定の場所を思い浮かべる方も多いのではないでしょうか？

私もこれまで、神社や浄化スポット、龍脈、山など数多くのパワースポットを訪れてきました。それぞれに共通していたのが、

「いい氣（エネルギー）が下りている場所」「いい波動の場所」

ということ。場のオーラの色や、神様や精霊、温かさなど違いはあるけれど、そういうこと。分かりやすくいうと、行けば癒されたり、氣持ちよかったり、元氣になるスポットということです。

神社に限定されているわけでもなければ、山や海など、遠いどこかに出かけなければいけないということでもありません。

もちろん、それらのパワーは計り知れないものではありますが、自宅にも良い氣を降

ろし、パワースポットにすることは可能です。

自宅がパワースポットであれば、どんなに嫌なことがあっても家に帰りさえすれば癒され、充電することができるので最強運の自分で常にいることができるのです。

ちなみに私の自宅は、ソファーも絨毯も来客用の布団も何もない殺風景な家ですが、訪れた人は「この部屋から出たくない」「帰りたくない」と笑いながら予定にない宿泊を何泊も続ける不思議スポットになっています。笑

「逆パワースポット」を作らないこと！

不要なモノ、使っていないモノの多い家には、浮遊霊やマイナスのエネルギーが溜まりやすく、貧乏神を引き寄せる傾向が高いように感じています。

不要なものを捨てられない、もったいない、判断できない、という波動自体が、実は貧乏波動なのです。

必要になったらまた買えばいいいか、くらいの氣持ちで１カ月以上使っていないモノは

手放してみましょう。その余裕が豊かさを呼びます。
また、放置されたモノにも魂があり、いつまでもホコリをかぶって朽ちていくよりもお役目が終了したならば生まれ変わることを望んでいます。

パワースポットに身を置くと、こんな効果が……！

1　何かトラブルが起きても、早く解決する
2　直感力、ひらめき力がアップする
3　イライラしなくなる。氣分が落ち着く
4　引き寄せるパワーが加速する
5　執着やつき物が落ち、浄化される

家の玄関をくぐった瞬間、まるで神社の鳥居をくぐったかのように感じられたら……。
あなたは人生で最高の最強運を手に入れたも同然です!!

挫折しないお掃除を

「これまでに何度もキレイにしようとしたけれど、途中で挫折した……」

「はじめたときは絶対頑張るぞ！　と思うのに、氣づいたらいつも三日坊主になってしまう」

「何から手をつけていいか分からない」

「子供や家族がすぐに散らかしてしまう」

このような声をよく聞きます。

どうしたらいいと思いますか？

私たちは、お掃除以外でもつい、できたことよりも、できなかったことに目を向け、完璧を目指そうとします。

晴れの日を喜び感謝するよりも、雨の日の憂鬱さを覚えているし、痛みが身体のどこかは意識するのに、それ以外の健康な臓器や手足に感謝することがあまりないのと同じ。

お掃除も、意識しはじめるとアレもココも！　と氣になる場所が増え全部をキレイにしたくなるかもしれません。

せっかくキレイにした場所を自分以外の誰かが汚すと、腹が立つかもしれません。

そんなときは、思い出してほしいのです。

何のためにお掃除をするのか、誰の幸せのためにお掃除をはじめたのか。片づけやお掃除をしている最中にイライラしたり、眉間にシワを寄せたりして怖い顔をしていては意味がありませんよね。

昨日より少し何かがキレイになっていればいいし、1カ月前より、1つでもモノが減っているだけでもいいのです。階段も一氣に10000段上がるのは努力も根性も必要でやる前からうんざりしそうですが、一日一歩、少しずつで大丈夫。いつか体力も付き、駆け上がれたり、頂上よりも心地よい自分のポジションが見つかります。

なにより大切なのは、「自分が心地いい状態」をキープすること。片づけが苦手だとしても、ちょっとずつお掃除して昨日よりちょっとましになった！　という喜びを積み重ねていきましょう。そのうちに、本当の居心地のよさというものを思い出してくるでしょう。「やっぱり、汚いところよりもキレイな場所のほうが落ち着くな」と思えたとき、あなたの運氣も上がりはじめています。

私も昔は、今のように頻繁にお掃除をしていたわけでも片づけが得意だったわけでもありません。それがお掃除をすると部屋の空氣が変わり、鏡や床を磨けば顔まで変わり、細かいところに氣が付くようになると性格や人格まで変わりました。

同時に、金運、恋愛運、仕事運、全てのことがよりスムーズになったことを感じ、年に数回だったお掃除が月に1回、2週間に……毎週……毎日と、段階を経て変化しています。そしてこの喜びを共有したくて、今では全国各地でお掃除の講座をするまでになりました。

まずは自分の負担にならない範囲で、楽しみながらお掃除をやってみましょう。月１回でも、毎週でも決まりはありません。家神様の存在を知ると、お掃除をはじめたその日から変化を感じられ、やがて楽しくてたまらない！早くお掃除をしたい！となるはずです。その過程を楽しんでください。

お掃除をはじめる前に——お掃除の基本

それではいよいよ、お掃除のやり方に入っていきましょう。

どこからはじめるのか？

お掃除の基本。まずは上から。災いや厄は上から降ってきます。家の中のチリやホコリは災いが具現化したものだと思ってください。

お掃除は**上から下へ。内から外へ。**

上から下へ。

具体的には、天井から壁、最後に床をお掃除します。と言うと、たいていの方が「天井をお掃除するの？」とびっくりされます。天井のお掃除などしたことがない、という方もいらっしゃるでしょう。天井って一見何もなさそうに見えますが、はたきを使ってパタパタとはたくと、驚く量のチリが落ちてくることがあるのです。掃除をしていないと、このチリやホコリ（厄）を知らず知らずのうちにかぶることになります。お風呂掃除や、床をキレイにする前に、天井や壁のお掃除を。

内から外へ。

その意味は、家の中の邪氣を外に出すため。家の奥から外に向かってお掃除しましょう。これは、普段皆さんも無意識のうちにできているのではないかと思います。玄関の外から家の中に向かってお掃除はしないですよね？　あなたの霊感が自然に邪氣祓いをしていた証拠です。

三種の神器を活用しよう

ここで、お掃除をするのに必要な3つの道具をご紹介します。

それは、はたき、ほうき、ぞうきんです。どれも昔ながらのもの、古くから日本で使われてきたものです。

●はたき——罪や穢れ、厄を落とす

はたきの姿形……神社で神主さんがお祓いで使う、白い紙のついた棒（大幣《おおぬさ》、祓串《はらいぐし》）とよく似ていると思いませんか？

似ているのは形だけでなく、効果も同じようにはたきにはお祓いの効果があるのです。

はたきを上から下へ、パタパタとかけるだけで厄が祓われ、空間が浄化されます。

素材は天然素材や手作りのものがおすすめ。天然素材にはそれ自身にパワーや魂が宿っており、手作りのものには愛がこもっていて、長く使えば使うほどそのパワーは強くなっていきます。

お氣に入りのパワーアイテムを育てて、上手に場を清めましょう。

（おすすめの掃除道具や私が実際に使用している洗剤などはこちらから確認できます）

ブログ「はがすとキレイ」　神様が味方する「お掃除道具」
https://ameblo.jp/hagasutokirei/entry-12562365458.html

●ほうき――邪氣を祓う

はたきで上から穢れや厄を落とすと床に落ちてきます。それを祓うことができるのがほうき。

子供の頃、ほうきにまたがって空が飛べる氣がしたり、不思議なパワーを感じたことはありませんか？

ぜひ、室内用と外用の２本を用意してください。

家の奥（内側）から外（玄関）に向かって掃いていくだけで邪氣を祓うことができます。また、玄関やお庭、外をほうきで掃けば結界となり嫌なモノを寄せ付けなくなります。

はたきで厄を落とし、ほうきで祓う。

これだけでも家の中の空氣がすがすがしく感じられるはず。除霊と浄化の効果が強いので氣分が落ち込んだり、運氣が悪いと感じるときははたきとほうきで邪氣祓いしてくださいね。

●ぞうきん——福を定着する

家をパワースポットにするための最終兵器。笑
厄を祓い、場を清めたら……福を定着させましょう。
古来から、ぞうきんでふくことで福がつくとされています。
私も昔は半信半疑で、モップやワイパーなどで、楽な床掃除をしていた時期もあります。でも、床に正座し、ぞうきんで拭くようにしただけで、家に訪れる福が何倍にもなりました。昔からの言い伝えや、習慣には意味があると体感し、日本の古くから伝わるお掃除の素晴らしさをたくさんの人に知って欲しいと願った瞬間でもあります。

これらの3つの道具は、いずれも日本古来からあるお掃除道具。これらを使いはじめると、不思議なことに家の中から邪氣がなくなります。このお掃除だけでも劇的に運氣は上がることでしょう。

お掃除に適した時間

「一日の中で、いつお掃除すればいいですか?」

と質問をうけることがあります。

この答えは一つではなく、それぞれが体型や好み合わせて洋服を選ぶように、お掃除に適した時間も頻度もライフスタイルや家族構成によっても変化します。

あくまでガイドラインとして参考にしていただければと思います。

前置きが長くなりましたが、お掃除に適した時間は

「朝、起きてすぐ」です。

朝は一日の中で一番エネルギーに溢れ、脳も元氣な状態。モノを捨てる捨てないの判断もスムーズに決断できる。また、お掃除は家神様をはじめとする、お家を守ってくだ

さる存在へ感謝や繋がりを持つための時間なので、自分のことよりも先にする方がおすすめ。
そうすることで神様のご加護の下、より良いスタートができ、充実した一日を過ごせるでしょう。

朝の掃除で場と心を清め、
昼間は人間関係や仕事、勉強、きっと嫌なことがたくさんあります。でもそれは魂を磨く時間と認識し、
夜は、その日使った道具や洋服、散らかったモノを片づけることで日中の乱れた心を整理することができます。

換氣で氣がえる

朝の習慣で、もう一つ重要なのが換氣。
起きたらすぐに、どんなお天氣でも窓を開ける習慣を付けましょう。

まれに、ほとんど換氣をしたことがないとおっしゃる方がいますが、それはずっと水槽の水を替えていないのと同じ。空氣は目に見えないけれど、水と同様に濁りよどんでくるのです。

私たちは寝ている間、その日受けたストレスや邪氣を放出し、「氣」を充電します。(正確には霊流という霊界からのエネルギーですが、その話はまたいつか)

なので、一晩明けた部屋には自分が発した邪氣(毒ガスに近いもの)が充満していると思ってください。

そのままにしていると、心身ともに不健康になりそうなのは容易に想像できますよね。

また、地球には陰陽の逃れられないルールがあり、

光と影
太陽と月
男と女
善と悪

動と静

生と死

のように朝と夜も陰陽のバランスの上で成り立っています。換氣はこの切り替えのスイッチとしても重要です。

真夏に窓を開けるのは暑く、真冬は寒い、と思うかもしれません。でも、空調の効いた現代社会において五感で暑さや寒さを体験するのは貴重な機会です。5分だけでもありのままの自然の厳しさや尊さを感じる時間にしてみてください。普段の快適な生活や、雨風がしのげる家があることへも自然と感謝することができるはず。換氣で氣を変えて氣分も運氣もスッキリさせましょう。

それでは、いよいよお掃除に入っていきます。

①はたきで厄を落とす

天井のお掃除で天の加護を

繰り返しになりますが、お掃除の基本は「上から下」。天井から壁にそってはたきをかけましょう。天井をお掃除すると、そのまま天からのご加護を授かります。はたきでホコリを落とし、可能であればたまにはぞうきんで拭きましょう。はたきをかけるとき、天井が高くて届かない場合は、はたきが直接天井に触れなくてもその近くで空氣を動かすだけでも効果はあります。その証拠に天井に溜まったチリやホコリが落ちてくるでしょう。また、冷蔵庫の下や洗濯機の裏など、すき間が狭くて手が届かない場所もはたきで風を送ることでホコリをかき出し、浄化することができます。風をおこすと、若返りの神様もいらっしゃるので「浄化〜」「若返り〜」などとつぶやきながらお掃除すると本当にそうなりますよ。

Before《ビフォー》 After《アフター》 ——家が明るく見えてくる！

皆さんは今のお家にどのくらい住んでいますか？　天井のお掃除をしたこと、はたきをかけたことはありますか？

もし、初めてはたきをかけるという方は少し驚くかもしれません。一見キレイに見える場所でも、はたきをかけるとパラパラとチリが落ちてくるものです。私も初めて自宅の天井をお掃除した時は、目に見える汚れはなかったのに、チリが落ちてきたり、ぞうきんで拭くと意外と黒く汚れていることに驚きました。

最初にお話したように、チリやホコリはこれから降りかかる災いや、厄が具現化したものです。放っておくと、知らず知らずのうちにかぶることになるので定期的にお掃除しましょう。

また、目に見えるホコリや汚れがない場合でも、念や滞った氣の流れを動かしクリアにするために週に1回ははたきでの厄落としをおすすめします。

念が溜まりやすいという意味では、自宅よりも人の出入りが多い職場や店舗はこまめにはたきをかけましょう。私の占いサロンも、一日に何十人という方がいらっしゃるので夕方には空氣が重く淀んできてしまいます。

これは占いという特殊な場所だけでなく、飲食店や美容、病院、装飾品、車、不動産、どんなお店、どんな職場でも共通することです。

念や氣を滞ったままにしていると、浮遊霊や疫病神を引き寄せる原因にもなり、思わぬトラブルや売上低下になりかねないので注意してください。

はたきをかける頻度

天井からはチリやホコリではなく、キラキラした天のご加護をいただきましょう。

繰り返しになりますが、お掃除の頻度は自分のライフスタイル、無理をしない、ストレスにならない、を条件にしてください。まずは氣になったとき、やりたくなったときだけでいいのです（部屋の空氣の変化や、運氣が変わってくると自然にお掃除がしたくてたまらなくなるので。笑）。

私のお掃除講座を受講された方たちは、はじめは半年に1回、月1回、2週間に……3日に1回……毎日、という風に一年くらいかけて変化される場合もあれば、月1回をキープされる方もいます。どちらも正解です。

普段社会の波に揉まれ、人に氣を遣っているのです、マイペース、マイファーストを何よりも大切にしてください。お掃除の最低限の意味や効果を理解したら、自由でいいのです。

それでも、指針が必要という方は週に1回を目安にしてください。人の出入りが多かったり、人と会うことが多いお仕事をされている場合は邪氣も溜まりやすいので3日に1回程度がおすすめです。

私も、自宅は週に1回程度ですが、お客様を迎えるサロンは毎日、毎朝はたきをかけています。

やりすぎて悪いということはないので、時間がある方は、毎日でも、一日に何度でも繰り返してください。

はたきをかけた方の体験談として、皆さん口をそろえておっしゃるのが、

「家が明るく感じる」

「空氣が変わった」

「一皮むけた氣がする」

「氣のせいかもしれないけどキラキラしてる」

など氣の流れや空氣の変化。

これは霊感の有無に関係なく感じることができるはずです。

②ほうきで厄を掃く（祓う）

はたきで厄を落とした後、床に落ちてきたそのホコリをどうするのか？　ここでほうきの出番です。

落とした厄はほうきで掃くことで祓うことができます。

ほうきは掃き出す道具ですが、嫌なお客を追い出す力が宿っています。

私が、掃除機ではなく、ほうきでのお掃除をおすすめしているのは、嫌なお客様（疫病神、貧乏神）にお帰りいただきたいから。笑

霊的な理由以外にも、コンセントの位置や、騒音を氣にせず早朝や夜中でもお掃除がしやすいこと。片づけが簡単で収納スペースがコンパクト、などの利点があります。良いものをひとつ買えば、何年も使いつづけることができて経済的。そして、愛情をもって使うことで道具と会話もできるようになります。

家に邪氣や悪いものが入ってきたタイミングで「ぎーぎー」と音を鳴らし、「掃除をして。私を使って」と教えてくれたりします。

皆さんもお家の中でする音に耳を澄ませてみてください。床の軋む音や、水音、窓ガラスの揺れる音、ポルターガイストなど怖いものだけではありません。笑

家は、その中にあるモノたちは、私たちに愛情を持って話しかけてくれているのです。

ほうきで、ホコリが舞うのが氣になるという方は、お掃除する前に床に霧吹きをしておくか、テレビをつけたままにしておくと軽減することができます。小さなホコリは静電氣でテレビに集まるので掃き掃除の最後にテレビを拭きあげましょう。

③ぞうきんで拭く（ふく）福の神を呼ぶ

床の美しさはオーラの美しさ

厄を落とし、祓い清め、最後の仕上げが拭き掃除。ぞうきんで拭くことで福を床に定着させます。

家神様が教えてくれたお掃除の基本が、はたき、ほうき、ぞうきん、この3つを使った3つの動作。

はたきとほうきで邪氣や穢れを祓った家の状態は、いわばマイナスエネルギーの無いニュートラルな零《ゼロ》の状態。零は無限の可能性を秘めていますが、そこにプラスエネルギーの福を定着させることで最強のパワースポットの完成です。

少しめんどうかも知れませんが、最後の仕上げはモップやハンドワイパーなどは使わず、床に正座をして両手も床についた姿勢でぞうきんがけをしましょう（自宅が広すぎる場合や、膝が痛いなど健康上問題がある場合は次のことを意識していただければ大丈夫です）。

というのも、これまでは浄化やお祓いで出すことがメインでしたが、最後の仕上げは福の神様を呼ぶこと。謙虚な姿勢と、いつも守ってくれている存在へ感謝の氣持ちを大切にしてください。

自宅の床の美しさは、そのまま心（魂）の輝きとリンクしています。

「床をキレイにすると年収が上がる」「ご先祖様の加護が強くなる」と耳にしたことはありませんか？

これは本当の話。

床をキレイにすることで心のくもりが晴れ、オーラが輝き出します。オーラが輝くと同じ光の波動の精霊や神様、強運な人、仕事が引き寄せられさらに運氣が上がることでしょう。

これが、お掃除しかしていないのに最近良いことしかない、運氣が上がった、悩みが消えた、と言われる秘訣です。

さらに、このお掃除の良いところは、何事も順調で、調子が良くなり、謙虚さや感謝を忘れそうなときも、家神様とお掃除をすることで自分と向き合うことができるのです。調子が悪いときも良いときも、家神様は見守ってくだっています。無心でお掃除をしているうちに日ごろのモヤモヤした氣持ちを忘れ、神聖さを取り戻せることでしょう。

あなたの運氣くすぶっていませんか？

ここで、注意してほしいことが二つあります。

一つは床を水拭きしていると、どうしてもワックスがはがれ落ちてきます。キレイだけど艶がなくなってくるのです。運氣UPのためには、床をピカピカにすることが必須、定期的にワックスをかけましょう（定期的に使うのものなので、少し高くても環境・人体に無害なワックスを選びましょう）。

新しいか古いかは問題ではありません。ここで重要なのは、光っていて、艶があるかどうか。神様は光の存在、輝くものが大好きです。また、光は貧乏神や悪霊が苦手なモノ。頻繁にお掃除ができないという方は、床をピカピカにして邪氣を除けましょう。

二つ目が絨毯やマットなど、床に敷物をしている場合。定期的にお洗濯や、天日干しなどをしていれば問題ありませんが、敷きっぱなしの場合は汚れとともに邪氣が溜まっています。

さらにレアなケースとして、豪華な敷物の下の床が腐っていたり、くすんでしまっていることがあります。そうなると表面上は運氣が良く成功していても、定期的に悪いことが起きる、数カ月、数年ごとに大きな問題にぶつかるということになります。普段見えていない部分こそ氣にかけてくださいね。

床の汚れはあなたやその家族の氣の乱れ、心の乱れのサインです。できるだけモノを置かず、スッキリ、ピカピカにしておきましょう。

ハウスダスト撃退法

ハウスダストとチリやホコリの違いをご存じでしょうか？

ハウスダストは、簡単に言うとホコリの中でも特に小さく、目に見えにくい１ｍｍ以下のモノのこと。

成分は繊維クズや食べカス、土ボコリ、ダニ、ウイルス、カビなどの細菌から花粉まで、吸い込むとさまざまな症状を引き起こすアレル物質です。

とても軽いため、日中や私たちが活動している間は空氣中に舞い上がり、人が寝ている時やいない時に床に落ちてきます。この、ハウスダストが床に落ちているタイミングでお掃除をするのが狙い目。

朝起きてすぐ、濡れたぞうきんで床を拭いたり、外出先から帰ってきたタイミングでぞうきんがけをすると良いでしょう。このときだけは、先に換氣をしたり、はたきやほうきを使う必要はありません（せっかく床に落ちたハウスダストが舞い上がってしまいます）。

前日に、はたき、ほうき、ぞうきんでお掃除をして、翌朝ぞうきんがけだけもう一度するのもおススメです。そこまで氣合を入れてお掃除をすれば、これまで悪さをしていた厄や災いをもたらすものも、「もうここには棲めない」と出て行ってくれることでしょう。

ぞうきんは何でもいいの？

ぞうきんにするモノは、古いタオルや洋服の切れ端でも大丈夫です。布も最後まで使いきってあげれば喜んでくれます。お別れの前の最後の奉仕として家の中をキレイにしてくれるでしょう。もし新しくぞうきんを買う場合は白色のモノがおすすめ。汚れが目立つので汚れの付き具合で邪氣がどの程度溜まっていたかバロメーターになります。

少しずつ汚れなくなってくるので、その変化も楽しんでくださいね。

はたき、ほうき、ぞうきん、どれも日本に古くからあるお掃除方法。時代劇やテレビ、映画でみかけたことはありませんか？

日本人は元々霊感の強い民族、邪氣の祓い方、神様とつながる方法をＤＮＡレベルで知っているのです。皆さんも、この三つの道具を揃え、使いはじめれば不思議な安心感と心地よさを感じられるでしょう。

お掃除が苦手、家中キレイにするのは無理だと思うあなたへ

お掃除の頻度はマイペースで。これは鉄則です。掃除をすることが苦痛やストレスになってしまっては意味がありません。そして、家の中を完璧にキレイにしようと意氣込みすぎないこと。完璧にできない自分に罪悪感を持つ原因になります。

生活していれば散らかりもするし、汚れます。永遠にキレイな部屋をキープするのは無理なこと。生きている以上、私たちが年を取り、老けていくことと同じ、自然の摂理。決して逆らわずできる範囲で大丈夫です。

特に、ご家族が多い場合は散らかる速度も速いでしょう。これまでお掃除をしていなかった人も、急に満足いくほどお掃除に時間をかけ、キレイにするのも難しく感じるはず。

そんな時は家の中のどこか一カ所だけ、美しく磨きあげてください。どんなに時間が

なくても、他の誰かが汚しても、畳一畳くらいのスペースならなんとかなります。もっと狭いスペースでも良いし、場所は本当にどこでも大丈夫です。お手洗い、お風呂場、洗面所、本棚、下駄箱、タンスの中、食器棚、冷蔵庫や寝室の床、リビングの一角など、好きな場所を選びましょう。

（142ページから場所ごとのお掃除効果を紹介しているので、ご自身の悩みに沿った場所にしてもよいかもしれません）

どこか一カ所でも、キレイなスペースがあればそこがパワースポットとなり、神様の居場所となります。やがてそこから良い波動が伝わり、家の中の空氣をどんどん浄化してくれるでしょう。

あるお母さまが相談に来られたことがあります。７人家族で散らかり放題、子供も小さいし洗濯物を畳む暇すらない、部屋の隅には大きなホコリの塊があるのが当たり前という家族全員片づけ、掃除が嫌い！　ということでした。

そこで、寝室だけキレイにキープするように心がけてもらいました。はじめはイタチごっこだったのが、３カ月もすると不思議と子供たちの喧嘩も少なくなり、そっせんしてお掃除や家事を手伝ってくれるようになったそうです。
1年ほどたった今では見違えるように家中キレイになったと喜んでおられます。

開運！　お掃除アイテム

三種の神器（はたき、ほうき、ぞうきん）の他に、開運に欠かせないお掃除アイテムがあります。

私は数年前から合成洗剤やその他の環境に負荷のかかる洗剤の使用を全てやめました。日々のお洗濯も洗剤を使用せずにしています。

その理由は自然を守る龍神様が教えてくれました。

「開運するということは、人、モノ、自然、ひいては地球、宇宙を味方につけること。地球上に生きていて、環境を破壊しながら運氣を上げたいと頼むのは虫の良い話だ」

正確にはもっと威厳も貫禄もあり、難解な言葉でしたが要約するとそんな意味のことをおっしゃっていました。

地球が存在しなければ私たちは存在できません。「母なる大地」「父なる空」と言葉があるように、その存在を無視して幸せになることはできません。

友達や知人で、自分に暴力や悪口を言ってくる人がいたら罰は与えないにしても味方したり応援したいと思えないのと同じことです。

私も、そのことに氣づいた瞬間から、家にある食器用洗剤、洗濯洗剤、シャンプー、ボディソープ、洗顔、その他全て環境に負荷のかからないモノに替え、仕事、金運、健康、全ての運が一氣に上昇しました。

具体的な洗剤の選び方

家の中の洗剤を一度、見直してみてください。

台所用の除菌スプレーや食器用洗剤……床用、お風呂、トイレ、シャンプー、ハンドソープ、洗顔、洗濯……とこんなにも用途が分かれさまざまな洗剤があることを疑問に思ったことはありませんか？

さらに注意して欲しいのが、「まぜるな危険」と表記してある洗剤はありませんか？混ぜると危険な洗剤は、確かに汚れ落ちは早く、カビや頑固な油汚れ、キッチンのぬめりとりにも有効ですね。ですが、何かと混ざると危険な物質に変化する、有害な成分が含まれているということです。

もし、誰かがどこかで使っていれば排水溝から下水を伝わり、どこかで必ず混ざります。川や海に流れるときは下水処理が施され有害な物質ではなくなるかもしれません。でもその処理にはまた貴重な水や資源、エネルギーが必要です。中には下水処理が十分でなく、十分な浄化がされずに河川や海に放流される場合もありとても危険なことです。

今は良くても、海に流れた水は海洋生物に影響を与え、蒸発した水は雲になり大地に還り、そこで育った魚や農作物を通して私たち人間に必ず返ってきます。

家にある洗剤は食べても平氣ですか？

口にしても毒にはなりませんか？

もう一度、家の中にあるモノをチェックしてみてください。

効果抜群のオススメお掃除グッズたち

ここで、私が実際に使ってみてお掃除、開運、どちらにも効果抜群のモノをご紹介します。

●EMW――消臭もできる万能アイテム　油汚れに強く、入浴剤としても◎

「EMW」は乳酸菌や酵母菌などの善玉菌からできた液体で100倍程度に薄めて使います。

嬉しいのは口に含んでも大丈夫なことだけでなく、EMWが水に流れると流れた場所の水までキレイにする力があるというところ。

お掃除アイテムとしての効果も高く、頑固な油汚れでもスプレーしてしばらくすると軽く拭くだけでピカピカになります。消臭剤としても優秀で、生ゴミや、洋服、寝具、絨毯、カーペットなどどんな布製品にも使用でき、天然成分なので動物や赤ちゃんがいても安心して使用できます（消臭スプレーや除菌スプレーの人体に与える悪影響も一度見直してみてくださいね）。

また、洗濯用洗剤に使用できるほか、入浴剤としても効果的で、１本買えば自宅で培養もできてお財布、人体、環境、全てに優しいのがＥＭＷです。

より詳しい説明や培養方法はＥＭＷのＨＰをご覧ください。

ＥＭＷホームページ

http://www.emlabo.co.jp/emw/

●重曹——酸性の汚れ、除菌、消臭、カビ

重曹は弱アルカリ性、高温になると強アルカリ性になるという性質を利用して、酸性の汚れに使えます（キッチンの油汚れ、皮脂汚れなど）。食器や排水溝のぬめりとり、お風呂場のカビなどに有効です。また研磨剤としても使えるのでお手洗いの頑固な水垢なども重曹で磨けばキレイになります。食品用（ベーキングパウダーやふくらし粉）と

して販売されているものなので、口にしても大丈夫です。

私はお掃除以外にも、クエン酸と混ぜて（炭酸ガスが発生して炭酸風呂に）お風呂の入浴剤として使用したり、歯磨き粉として使用しています。

お口の汚れも酸性なので、うがいをするだけで口臭と虫歯予防になります。
※お掃除用は大容量の安いものを、うがいや歯磨き粉として使用する場合は食品用の質の良いものを選んでくださいね。でも、どちらも1000円以下で購入できます。

●クエン酸——アルカリ性の汚れ、お洗濯に

重曹が酸性の汚れに効果を発揮するのに対して、クエン酸は逆のアルカリ性の汚れに使用できます。

お風呂場やキッチン、洗面所、水回りの白く固まったカルキ汚れに有効です。また、私が一番おすすめしたい使用方法はお洗濯です。

洗濯機にマグネシウムと大さじ1～2杯のクエン酸を入れれば洗剤も柔軟剤も無しで汚れを落とすことが可能です。

クエン酸は柔軟材やリンスの代わりとしても使用できます。

●マグネシウム——洗濯と水素浴に

マグネシウムは洗濯にクエン酸と一緒に使用します。これだけでなぜ洗濯洗剤が必要なくなるかというと、マグネシウムと水の化学反応により水素を含むアルカリイオン水が発生し、皮脂を分解し、雑菌の発生・繁殖を防ぎ、においの原因となるカビや汚れまでキレイにするからです。皮脂汚れの分解率は洗剤と同じ、消臭効果は約10倍とまでいわれています。

さらに、EMW同様水が流れるところ全てに同様の効果を発揮するので洗濯槽、排水ホース、排水溝まで洗濯をしているだけでキレイになります。

洗濯槽の掃除や専用の薬でカビ取りをする必要がなくなるのです。

私は以前、古い家に住んでいましたが、排水溝から上がってくる嫌な臭いも、マグネシウムを使いはじめて一週間程度で氣にならなくなりました。

使い方は簡単で経済的。２００〜３００グラムのマグネシウムの粒を網目の細かいネットに入れてクエン酸と一緒に洗濯機に入れるだけ。脱水まで入れっぱなしで大丈夫です。

注意点は二つあります。

①マグネシウムを入れるネットは、破れてマグネシウムがこぼれるのを防ぐために二重にしましょう（１００円均一に売っているもので十分）。

②クエン酸を使わないとマグネシウムの酸化が進み効果が薄れてきます。必ずクエン酸も一緒に使用してください。

ほかの洗剤や重曹、ＥＭＷと併用して使用することも可能です。

マグネシウムの金額ですが、インターネットで２００〜５００グラムを２０００〜

５０００円で購入することができます。

少し高いように感じるかもしれませんが、２００グラムのマグネシウムで1年以上繰り返し洗濯が可能です。

定期的に洗剤や柔軟剤を買うよりもずっと経済的だとは思いませんか？　また、洗剤の残留を氣にする必要もなく肌の弱い方でも安心です。私も子供の頃から酷いアトピーで、どんな洗剤なら平氣なのかと長年頭を抱えてきましたが、その悩みからも解放されました。

シルクやドライマークの衣類と、タオルなどの普段着の洗剤を分ける必要もなくなり洗濯もぐっとシンプルに楽になりました（マグネシウムはシルクも洗えます）。

洗濯以外にも、お風呂にクエン酸とマグネシウムを入れて水素浴を楽しむこともできます。

マグネシウムが小さくなり、効果が薄れてきたら観葉植物やお庭の土に還せば植物の栄養になり、また可燃ゴミとしても廃棄できます。

こんなに無駄がなく経済的で、人、環境、全てに良いことがあまり知られていないのが不思議に感じませんか？

それは、「洗濯は洗剤でするもの、そうでないと汚れが落ちない」という思い込みを持っている方の方が圧倒的に多いからです。洗濯用として薬局やスーパーでマグネシウムを売っているのを今はまだ見かけません。

この本で知った方からぜひ体験して、家族や親戚、友達、同僚、たくさんの人にシェアしていただけると嬉しいです。1人でも多くの方が環境に配慮したものを選び、生活をすることで一年後の海の汚れ……10年後の食糧事情、地球環境が変わります。

一人ひとりの意識が変われば、1年後、スーパーやコンビニでもマグネシウムや生分解性の高い洗剤が普通に購入できるようになります。

なかなか落ちない頑固な汚れには？

これまでに紹介したEMW、重曹、クエン酸で落ちにくい汚れがあれば、セスキ炭酸ソーダ（アルカリウォッシュ）を試してみてください。シミや経血の汚れなど1時間〜

半日浸け置き洗いをすれば衣類を傷めずにキレイにすることができます。また、黒カビなどの頑固な汚れにも効果的です。

それでもまだ足りない場合は、酸素系漂白剤がおすすめです。塩素系漂白剤（素手で触れない、混ぜると危険な液体）よりもずっと環境負荷が少なく、重曹やセスキ炭酸ソーダよりもアルカリ度が高いため、頑固な黒カビや漂白剤として使用できます。

ですが、重曹などと比べるとやや環境にかける負荷は高いので頑固な汚れと一緒に、徐々に使用頻度を減らしていけるとよいですね。

この本で紹介している洗剤やお掃除方法以外にも、地球に優しい商品や方法は数えきれないほどあります。ただ、まだあまり知られていないだけ。テレビやCMでは取り上げられる可能性は低いでしょう。ご自身に合うものを探し出してみてください。

世界は広く、遠く感じていても、私たち一人ひとりの集合体です。今日、あなたが使うモノたちが地球の未来を握っています。

第5章

どんな願いを叶えたい？　～場所ごとのお掃除効果

場所ごとのお掃除効果

●玄関——全てが入ってくる場所　対人関係・仕事運

玄関は外と内の世界を繋ぐ扉、人の出入りがあるだけでなく、未来が開ける場所。また、良いモノ、悪いモノ、全ての入り口となっています。

だからこそ通常、玄関には家神様や門番となる強い守り神がいらっしゃるのです。

玄関がキレイであれば未来への運氣が開け整います。特に出逢い運や仕事運。

邪氣や災いの種は守り神が防いでくれるでしょう。

扉や表札までキレイにしておけば、氏神様や妖精、福の神様、そこを目印にたくさん訪れてくれます。

●下駄箱――外から憑いてくるモノに注意　出世・婚期に関わる

玄関の結界によってある程度は防げても、邪氣がべったりくっついて離れない場所があります。

それが靴底。

靴底を拭いたことはありますか？

靴を履いて色々な場所に行き、たくさんの人に会っている間、福も拾いつつ厄《やく》も同じだけ拾っています。髪や身体、洋服についたものは洗濯したりお風呂で浄化しますが、靴を洗う頻度はそれに比べると少ないはず。靴底についた厄をそのままにして玄関や下駄箱に放置していると部屋の中に邪氣が充満してしまいます。

外から帰ったら手洗いうがいをするのと同じで、靴底もキレイに拭いて下駄箱にしまいましょう。キレイな靴でも玄関に出したままでは福の神様が入る妨げになります。出世と婚期が遠のく原因にもなるので氣をつけてくださいね。

●台所——神様の溜まり場　健康運・金運

台所には、火、水、土、さまざまな氣の流れが入り混じり、（ガスコンロ・水道、食器）それぞれを司る神様も混在しています。

食材があればそこにたくさんの生命があるということ。時には肉や魚の成仏していない念が留まっていたりします。

不潔にしているのはもってのほか、神様や食材に対してとても失礼で授かったご加護が無くなってしまうかもしれません。

火の神様はガスコンロや、ＩＨや電氣調理機、熱を発するものの近くにいらっしゃり、火事や食中毒を防ぎ、おいしく料理ができるように調整してくださっています。氣性の荒い神様もいるので、汚れてくると荒ぶる神になる可能性も……。

また、どんな場所にも共通するのはあまりに不潔にしていると貧乏神、疫病神の溜まり場に早変わり。

健康運を司る台所がそんなことになれば、あっという間に具合が悪くなるでしょう。

流し台、水の流れる場所には龍神様や水神様がいらっしゃいます。無駄な欲望や、無念を浄化し水の流れと共にあるべき場所に運んでくれます。詰まりやヌメリがあると、引っかかってしまうのでこまめに掃除しましょう。シンクまでピカピカにすると人相も柔らかく、お肌もキレイになります。

汚れた食器を放置していると、邪氣や餓鬼が寄ってくるので、食事が終わったら、頂いた命に感謝し、すぐに片づけをしましょう。

ダイエットをするなら冷蔵庫と向き合うこと

私のところへはダイエット目的でいらっしゃる方もたくさんいます。一見、関係ないように思えますが肉体は私たちの内面を反映したもの。食事制限や運動が続かない、痩せられない、という方は、過去のトラウマやネガティブな出来事から身を守るために脂肪や筋肉を鎧としてまとっていて、心へのアプローチの方が有効な場合がほとんど。

お掃除をして、家全体の不要なモノを減らすことで心のデトックスにもなり、面白いことにそれだけで体重が減るのです。


ここでダイエットに効果的なとっておきの方法を二つご紹介します。


一つ目は、冷蔵庫のお掃除。

私たちの身体は食べ物で作られています。今日何を食べているのか、どんなふうに食事をとるのかで3カ月後、半年と未来の健康から心のバランスまで変わってきます。

ダイエットの目的は何のため？　誰のため？

誰かに愛されるためには、自分を愛することが必要です。自分のために、愛のある食事とれていますか？

冷蔵庫を中を見れば、心の中も見えてきます。

もし、大量の食べ物や飲み物、調味料でぎゅうぎゅうになっていたら、目に見えない不安やストレスで心がいっぱいになっています。

賞味期限切れのモノがないか、食べかけ、使いかけでそのままにしているドレッシングや調味料はありませんか？　必要最低限のモノ、自分の身体が本当に欲しているモノ以外は処分しましょう。たったそれだけのことで体重が１～３kg減ったと不思議な報告も後を絶ちません。冷蔵庫なら一時間もあれば十分なので気軽に初めてはいかがでしょうか？

すでに冷蔵庫の中はキレイで整理されているという方は内外、上下、全て拭き掃除までしてみてください。さらに健康運がＵＰするでしょう。

また、選ぶ食材も毎日ではなくても月に数回は無農薬無肥料の自然栽培の作物を選び、化学調味料を使わない食事で胃腸を休めることも心がけてください。

調味料だけでも成分表を見直してみると……色々と身体に悪いものも入っていることもあります。自分の目で確かめて、本当に必要なモノをおいしくいただきましょう。

私も外食やお酒を楽しむことはありますが、月に数回は自然栽培の玄米だけで一日過ごしたり、自炊する時は、天然のお塩だけで調理をして、身体の声を聴きながら調整しています。

（おすすめの調理方法については船越康弘著『ひとつの鍋から幸せひろがる野菜たっぷり重ね煮レシピ』を参考にしてみてください）

二つ目は、言霊《ことだま》の力を使うことです。

ダイエットするとき、「痩せたい」と口にしますよね。「夏までに痩せる！」「○○kg痩せる！」「痩せるために○○！」などのフレーズを広告などでもよく見かけます。

ですが、「痩せる」の言霊は、実はマイナスの効果なのです。

「痩」という字は、「癌、疾、病、疫、疲、痣、痛、瘍、痍」などの漢字と同じ「やまいだれ」を使っています。自らすすんで癌や病氣になりたい人がいないように、「痩せたい」は不健康になりたくない！と身体が潜在意識レベルで拒否をします。これが上手く痩せられない原因なのです。

どうすればいいかというと、プラスの言霊を使いましょう。「痩せる」ではなく「健康になる」「キレイなる」「スタイルを良くする」ことを意識しましょう。

本来の目的もそこにあるはずです。

「痩せる」ことを意識して食事制限や運動をすると、これは太るから……運動にいかないと……〇〇しないと……と我慢や自己規制によりストレスが発生しやすくなります。

でも、「健康になる」を意識すれば、例えばコンビニでデザートを選ぶときも「これを食べて健康になる？」、仕事で疲れていて筋トレをするか迷ったときも「どっちが健康に近づくか？」、などというふうに考えれば我慢やストレスがかかりにくく、無理なくダイエットが続けられます。

せっかくなら一時的な美しさではなく、一生楽に続けられるダイエットを目指してくださいね。

●洗面所、お風呂場――美を司る・心の健康　全体運

洗面所とお風呂場は手洗いや歯磨き、身体を洗ったりと汚れを落とす場所ですね。身体の物質的な汚れだけでなく、心に溜まった邪氣やストレスも洗い流してくれる場所です。

水回りは空氣が淀みやすい、邪氣が溜まりやすいと聞いたことはありませんか？　それは私たちが水場で浄化を行っているから、その落とした念や厄が一番溜まりやすい場所なのです。

掃除が行き届いていないと、自分や家族が日々落としていく汚れが溜まっていくことになります。水神様や女神様もいらっしゃる神聖な場所が悪の巣窟になってしまっては台無しです。間違っても排水溝の悪臭や、抜け毛を放置するのはやめましょう。悪臭があるということは、邪氣が五感で感じられるまでにパワーアップしているということ。香水や消臭剤でごまかしても同じです。心と身体の浄化ができず、何をやっても上手くいかないということになりかねません。

昔は日々の穢れや厄を祓うためには早朝の河川や海で禊を行い、氣軽にできるものではありませんでした。今は昔と違い、自宅で氣軽に身を清めることができるのです。

一日の嫌なことはその日のうちにリセットすること。それが毎日を楽しく明るく暮らす秘訣。そのためにも洗面所、お風呂場は神聖な場所と心得て、丁寧に磨きましょう。

湿氣でカビやヌメリの原因になるので余計なものは置かず、必要最低限のモノを置きましょう。

私はシャンプー、ボディーソープ、ハンドソープ、洗顔、お風呂掃除、全て同じものを使っているのでボトルが一本あるだけです。基本的に手で掃除をするのでスポンジもありません。

カビや汚れが目立つ前にお掃除をしていれば、強い洗剤やゴシゴシ力を入れて洗う必要が無いので手間も時間も短くてすみます。スタートは半年に1回でも、やがて月に1回と頻度を増やし、キレイになってきたらスポンジや洗剤も「本当に必要かな？」「この成分は身体に悪くないかな？」と見直してみてくださいね。

前述のように、洗面所とお風呂場は浄化、汚れを落とす場なので身支度には向きません。

あくまでもリセットする場所、なのです。

朝、洗面所で歯磨きや顔を洗った後、そのまま身支度をしていませんか？　メイクやヘアセットは美しく整え外に出るための仮面や結界を張る行為。はがす場所の洗面所では100％の力が出ません。

お家のスペースの問題もあるかもしれませんが、可能であれば別の場所で身支度しましょう。自分本来の美しさが出せるはずです。

●鏡——魔法のアイテム、不思議の扉

鏡の持つ力、皆さんもきっと肌で感じたことがあるはずです。白雪姫で魔女が話しかけていたり、合わせ鏡で運命の人や自分の未来が占えたり、といったおとぎ話や都市伝説を聞いたことはありませんか？

現代ではただの日用品として扱われることが多い鏡ですが、本来は魔除けや祭祀、神器として使用される貴重なものなのです。

「鏡　カガミ」から「我　ガ」を抜くと「神　カミ」

になるように、鏡には神が宿ります。手鏡や姿見が曇っていませんか？　お風呂場や洗面所の鏡が水垢や水しぶきで汚れていませんか？

鏡はつねに美しく保ちましょう。磨けば磨くほど肌艶も良く、美しくなっていきます。また、魔除けとしての効果も絶大です。

注意点としては、それだけ魔力の強いモノなので寝室に置くのは避けましょう。氣が休まらず、睡眠の妨げになります。また、合わせ鏡は霊道が開いてしまう可能性があるので位置を動かせない時は、布カバーをかけて対処してくださいね。

正しく、愛情を持って使えばこれほど心強い味方はありません。特に女性に強く作用するようなので小さくてもお氣に入りのモノを見つけてはいかがでしょうか？　化粧ノリまで良くなってくるので不思議です。

●窓、ベランダ、テラス——社会との繋がり

なんとなく人間関係がギスギスしている、上手くいかない……という方は、ベランダ

や窓に目を向けてみましょう。ベランダの床や手すり、汚れていませんか？
窓ガラスや網戸、カーテンが汚れていませんか？

この窓やベランダは社会との繋がりの要。閉ざしていては良い出会いや情報は入ってきません。また、汚れていては思わぬトラブルや疫病神を引き寄せるでしょう。似た者、同じモノを引き寄せると先にお話ししたように、窓周辺をキレイにすることで「世間の加護」を受け取ることができます。

カーテンなどの香りを吸収する性質のものは、邪氣も同じように吸収しますので、定期的にお手入れを。洗濯できるタイプであれば、1カ月〜半年に1回は洗濯しましょう。取り外せないロールスクリーンやブラインドの場合はホコリが溜まらないようにこまめに拭き掃除を。

窓やベランダのお掃除を頑張っても、どこかが汚れていては効果が半減してしまいます。もし、人間関係や、転職、集客など世間の加護が欲しい場合は窓周辺をお掃除で磨き上げてみてくださいね。

最短で最善の方向へ導かれます。

●リビング――家の中心、太陽を表す

リビングはいわば太陽のように家全体を明るくする、重要な部屋になります。基本的に陽の氣が強く、天照大神や座敷童、ご先祖様もくつろいでいたり、玄関から家族全員の帰りを見届けた家神様も移動してきたりととても賑やかな温かい場所です。

リビングが明るく賑やかであれば、たまに迷い込んだ浮遊霊もすぐに去っていくか、成仏していきます。

注意点は、リビングにモノが多すぎると陽の氣が強くなりすぎてイライラして落ち着かなくなります。

兄弟喧嘩が絶えない、ご主人の帰りが遅い、仕事が忙しすぎる、などの問題がある場合は、リビングをスッキリさせてみてください（リビングは元々陽のエネルギーが強い男性の方が影響がでやすいようです）。

引き出しの中や電化製品の数、雑誌、リモコン、ぬいぐるみ……ごちゃごちゃしていませんか？

家全体の空氣を左右するお部屋、居心地の良さを大切にしてください。

●寝室——安らぎ、月を表す

寝室は月、リビングとは逆の陰の部分。

陰と陽で対になる存在です。司る神様も癒しや安らぎを得意とする女神様や精霊、時には可愛らしい妖精もいらっしゃいます。

寝室を単に眠るだけの場所と捉えてはいけません。

玄関を開けてすぐ寝室がある家はめったにないですよね。だいたいは家の奥に位置しています。

大切な場所だから外からは隠れるように奥にあるのです。寝ている間、私たちは霊的にとても無防備になる代わりに、一日のストレスや疲れを癒し、邪氣があれば外し、霊流という霊界からのエネルギーを充電します。起きている間には十分に行われない霊力の修復がされるのです。

また、仕事や学校、家事、育児、勉強、さまざまなことに対応し時間に追われてきた中で、何も考えず自分に戻れる場所。外面という仮面をはずし、自分に帰る部屋なのです。仲の良い友達や、家族にすら見せていない、見せたくない裏の顔はありませんか？寝室の神様はその全てを包み許してくれます。あなたの存在そのものを愛し、癒してくれるでしょう。寝室は影を守る大切な場所、だから奥にあるのです。

寝室の氣が乱れると、この仮面の取り外しも上手くいかず本来の自分を見失う可能性も。睡眠障害や精神疾患になりやすく、寝ても疲れが取れない、やる氣が出ないなどの症状も出やすくなります。

決して、加齢や老化が原因ではありません。笑

寝室はその他の部屋よりもシンプルに。電子機器を持ち込まないのが理想。携帯やテレビ、パソコンなどにも休憩を、もちろん自分自身にも。電磁波は人体・霊体両方に影響を及ぼします。現代社会では起きている間中電磁波を浴びているのですから、睡眠中くらいはデジタルデトックスは大切なこと。

その他、ぬいぐるみ、照明、リモコン、充電器、おもちゃ、本、雑誌など……急に片づけるのが難しくても頭上に置くのだけは避けてください。氣の充電の妨げになります。

頭の周辺、最低30センチ四方には何も置かないことをおすすめします。

また、先述したように、寝ている間に出た邪氣をリセットするためにも、起きたらしっかり換氣しましょう。

寝室は基本的に陰の性質、落ち着きと安らぎがある分、氣が滞りやすく、強すぎると家主のモチベーションが下がり一日中だらだらしたくなります。笑

休みの日に「外出をほとんどしない」「お昼過ぎ、暗くなるまで何時間も寝すぎてしまう」というような方は当てはまる可能性があるのでご注意を。

朝起きたら、換氣だけでなくカーテンを開け、太陽光を入れることでバランスがとれます。日当たりの悪いお家の場合はカーテンを開けて家中の電氣を全てつけましょう。電氣の場合は15分くらいしたら消して大丈夫です。

神棚、お仏壇、お墓――困ったときは神頼み

先に少しご先祖供養についてお話しさせてください。私のもとへ相談にいらっしゃる方の中にはどこか別の占い師の方から
「成仏していない先祖がいるせいで幸せになれないと言われた」

「先祖供養で10万円かければ幸せになれる」

と言われて不安になって、本当にそうなのかと確認しに来る方が後を絶ちません。

先祖供養は、お金をかけることでもなく、成仏していない霊を慰めることでもありません。例え成仏していないご先祖様がいたとしても、自分の生活は自分の自己責任。そして、何十万と大金をかけて供養をするよりもそのお金で好きなことやおいしいモノを食べ「こんなに楽しいのは、ご先祖様一人一人が命を繋いでくださったおかげです。」と感謝し魂を成長させていくほうがよほど浮かばれます。

ご先祖様の人数を考えてみると分かるのですが……

両親は2人、祖父母で4人、曾祖父母で8人……16、32、64……10代遡ると1024人。

両親合わせて2048人とすごい数。

正直、どんな人にも成仏していないご先祖様はいます。人殺し、盗み、めちゃくちゃ悪いことをしているご先祖様もいれば、医療や神職など良いことをしたご先祖様も両方いらっしゃいます。誰か1人でも欠けると生まれてこなかったこの命、そのことを頭において感謝をしていればその想いがご先祖様のエネルギーとなるのです。供養にお金をかけること全てが悪いことではありませんが、お金をかけなくても自分の心次第で愛は届くということを知って欲しいのです。

そして、もし家に神棚やお仏壇、お墓があるという方。そこは霊界と非常につながりやすい場所です。

是非ピカピカに磨きあげてください。

パワースポットとして家中を照らし、困ったことは不思議なパワーで解決へ導いてくれることでしょう。

神棚をしっかりお祀りされているお家や会社は建物全体が光っていたり、ご本人にも後光がさし加護を受けているのがハッキリ見て取れます。

お仏壇やお墓もご先祖様とコンタクトをとる大事な場所、霊界への電話ボックスのようなものだと考えてください。そこが手入れがされず、ホコリにまみれていると、地獄につながりそうな氣がしませんか？　笑

天国につながるように、神様やご先祖様が居心地のよい空間をつくってあげてくださいね。

職場――魑魅魍魎の渦巻く世界　～お掃除すれば恐くない

家神様とお掃除をはじめていくと、職場の環境や汚れがすごく不快に感じるようになる場合があります。波動が変化した証拠なので落ち込む必要はありません。思い切って転職や独立をしてもいいし、そうでない場合は、職場の氣になる場所からお掃除をしてみてください。

自分の机や椅子を拭くだけでも、はたきをかけるだけでも効果はあります。自分のスペースだけでもパワースポットにしましょう。ボールペンやパソコンのマウス、仕事道具をピカピカにして、パワーアイテムとして使うのもおすすめです。仕事が捗るだけでなく、邪氣祓いのお守りとしても有効です。

職場は人の出入りが多いだけでなく、物欲や出世欲、嫉妬、妬み、嫉み、さまざまな氣が入り混じる場所。定期的に浄化を意識してお掃除をしていないと、あっという間に魑魅魍魎《ちみもうりょう》のうごめく場となります。

職場をキレイにすると「売上が上がった」「人間関係が良くなった」「苦手な人が転勤していった」「取材が入った」など金運や仕事のモチベーションに直結するような良い変化がおきることが多いようです。

食品、物流、医療、法律、建築、ＩＴ、出版、マスコミ、販売など、と数えきれないほどの職種がありますがどんな業種にも効果があります。経営不振、生産効率、採用人事、社内の雰囲氣、問題があるけれど何からどう手をつければ良いか分からない時は、1カ月集中して社内のお掃除をしてみてください。お掃除をするのに特別なお金はかかりません、失敗しても失うものは何もないのです。

社内研修や企業コンサルなどで会社やお店に伺う場合、中に入る前から建物や部屋の出している雰囲氣で会社の業績が分かるものです。

行列のできるお店には、商品や人の魅力以外にも、神様や精霊がいらっしゃりキラキラと明るい雰囲氣をしています。来た人もそこにいるだけで氣分が良くなるのを感じられるでしょう。

逆に、暗く感じたり、オーラがセピアやグレーに視える場合があります。氣が滞り、ホコリが溜まりそこに浮遊霊がひっかかり、貧乏神のすみかになっていることも。笑

笑い事ではないですが、本当にたくさんあります。そうなると何をやっても裏目に出る、ひとつ問題を解決したと思ったら新たな問題が……と悩みが尽きない状況に……貧乏神や疫病神に魅入られる前に、朝の5分だけでもお掃除をしましょう。その分、ミーティングや会議の時間を削っても罰は当たりません。笑

第6章

「お金のお家」のお掃除

～金運が上がるパワーアイテム

ご相談の中でも特に多いのがお金にまつわること。「世の中お金じゃない」とか「貧しくても心の豊かさが大事」といいますが、お金があれば解決する問題や、チャレンジできることは増えていきます。

残念ながら、お金が必要なくなる世界、時代はまだ……もう少し先なのです。お金だけじゃない、でも、お金も大事！　ということをきっと皆さんも自覚していらっしゃるでしょう。

この章では、あなたがお金に愛され、金運が上がる方法をご紹介します。

金運アップには——財布のお掃除

金運を上げる方法で一番簡単なのはお財布をキレイにすること。お財布はお金のお家、居心地の良い財布であればお金の方から集まってきて、これまでのように、「お金がない！」「貯金ができない！」「借金が……」

と焦ることは少なくなります。

お金は川の流れと同じ、一度自分の所に流れができれば、自然とその流れは大きくなります。

そしてもう一つ、知って欲しいのが、「お金にも意思がある」ということ。

自分のことを嫌い！　という人にわざわざ会いたくないように、自分や家族を雑に扱う人とは距離を置きたくなるのと同じように、お金を嫌っていては近づいてきてはくれません。


少しチェックしてみましょう。

お金のブロックについてのチェックリスト

□お金で幸福は買えない
□お金持ちはケチで悪いことをしている

□好きなことをしてお金は稼げない
□お金を持つと人は変わってしまう
□お金を支払う時、損した氣分や不安になる
□お金を稼ぐには何かを犠牲にしなければならない
□一生お金持ちにはなれない
□お金は汚い、お金のことをいうのは恥ずかしいこと
□お金を欲しがるのは卑しいと思われる
□お金を稼ぐと嫉妬される
□大金を稼ぐのは難しい、大変な努力が必要

何かひとつでも当てはまれば、お金を拒否しているということ。100%お金を愛することができていません。

「お金が欲しい、金運を上げたい」と願いながら、心の奥底では「お金なんかキライ！来ないで！」と叫んでいるのと同じこと、これではいつまでもお金に愛されることはないでしょう。

お財布のお掃除と一緒に、お金を愛せているかということも日々問いかけてみてください

ね。

お金が喜ぶお財布とは？

「お金のお家」である、お財布。

お金にとって住み心地のいい空間に整えてあげることが大切です。お財布が汚れていたり、邪氣にまみれていれば、居心地が悪くて逃げて行ってしまいます。

お金が逃げていくお財布の特徴や特に重要なことをいくつか上げてみました。お財布を見れば、持ち主の「人となり」がよくわかります。

ご自身のお財布と見比べてみてくださいね。

①お金以外のモノが入っている　×

ポイントカードやクレジットカード、レシートなど、お金以外のモノでパンパンに膨らんだお財布。

これは、私たちが寒い日に何枚も重ね、着ぶくれしているのと同じ。または大量の荷物を両手に持ち、リュックを背負い、ポケットも小物で膨らんでいるような状態。想像するだけで窮屈で不快ですね。お財布にとっても、心地よい状態とはいえません。

めったに使わない診察券を入れっぱなしにしていませんか？　年に数回しか行かないお店のポイントカード、必要ですか？

お財布にはできるだけ、お金以外のモノは入れないようにしましょう。

特に交通系のＩＣカード、新幹線や電車のチケット、名刺など、お金の居心地を悪くするだけでなく、金運そのものが不安定になります。

②ボロボロに傷んでいる　×

常に新品や、高級品である必要はありません。

でも、見るからにボロボロに傷んでいたり、雑に扱われているお財布はエネルギーが無く、お金を守ることも引き寄せることもできません。

私たちが寒空の下、Tシャツ一枚で歩きたくないのと同じです。また、満員電車で身体が窮屈になるのも嫌なように、お金も折れ曲がることを嫌がります。

理想は長財布。

そして、お尻のポケットに入れたまま座ったり、雑に扱ったりしないようにしましょう（これは男性によく見かけますね）。

お財布にも、お金にも、めちゃくちゃ嫌われます。

③お財布の手入れをしていない ×

お財布の寿命は3年、いや、毎年買い替えた方が良いという方もいますよね。その理由はお金に憑いてきた念でお財布が痛むから。

もちろん、普通に使っているだけでも生地や素材が傷んできます。それだけではなく、お金は色々な人のところを経由し、さまざまな思いで使われています。借金やギャンブル、寄付、お給料、お小遣い、株取引……と、お金自体は便利で、「ありがとう」と愛と感謝でできているのですが、使う人、使い方によっては邪氣が憑いてきます。その念によって痛み、お財布の寿命や氣が変わるのです。長持ちさせるためには、定期的にお財布をカラにしてお掃除したり、磨いたり。日光浴や月光浴で浄化するのもおすすめです。

一番手軽にできる浄化は言霊を使うこと。「いつもありがとう」と感謝を伝え、大切に使っていれば、寿命も長く、神様も宿り、金運もさらに上がることでしょう。

④お金が入っていない　×

今、お財布の中にいくら入っていますか？

お札は何枚入っていますか？

お金は寂しがりや、お金のあるところに自然に集まります。

小銭ばかりなら小銭が増えるし、1万円なら1万円が寄って来ます。

実際に、月収100万円を超える方の多くは、10万円以上の現金を持ち歩いています。

本氣で金運アップを望むなら今日からお財布に10万円入れてみてください。お金が減りにくく、逆に入って来やすい流れを感じられるでしょう。また、自分の意識も変化します。

お財布に、いつも10万円も入っていたら、落とさないように、失くさないようにと、いつもより氣になるはず。

鞄に入っているとしたら、鞄の位置や扱い方も少し変化します。モノをいつもより、丁寧に、大切にしている自分に氣づくでしょう。

この小さな変化が、お金にとっての居心地のよさを生むのです。もし、10万円が難しかったり、すでにそのくらい入っている方は、今入っている金額の3倍を目安に増やしてみてください。10万円はあくまでも目安。ご自身のライフスタイルに合わせてお試しください。

いかがでしたか？　お財布のお掃除はすぐにはじめられて効果絶大。

お家のお掃除の前に、お財布をパワーアイテムにしてもいいですね。

お金に恋される?!　とっておきの裏技

お金は寂しがりやで、愛してくれる人の所へ自らやって来ると言いましたが……もう一つ、世界中のお金から注目されるとっておきの方法があります。

それが、「お金のお掃除」……念を浄化したり、磨いたりしてお金をキレイにすることです。

半年に一回や時間がある時でいいので、手元にある小銭をEMWや重曹などで磨き、お札は両手で包みながら「ありがとう」と感謝の想いを伝えましょう。これで邪氣が憑いていたとしてもキレイに浄化されます。

浄化された後のお札は、ピン！っと張りが出たのがわかるはず。

こうしてお金のお掃除を続けていると、あなたの所を経由したお金はキレイになり、それを受け取る次の人へも良い影響を及ぼします。

そして、「あの人の所に行くとキレイにしてくれる、キレイに使ってくれる」と、そのうわさ話がお金たちの中で広まる頃、あなたは驚くほど豊かになっているでしょう。

第7章

究極のお掃除　～これだけで人生が好転する

ここまで目的や場所別にお掃除の効果をご紹介してきました。どれも重要な役割、意味があることをお分かりいただけたと思います。

それでも、「どこから手を付けていいの？」「全部はやる時間がない」「一番効果があるお掃除は？」と思う方も多いのではないでしょうか？

講座やセミナーでも必ずといっていいほど「一カ所だけするならどこが良いですか？」と質問されます。本音を言うと、そんなことを言わずに家中をキレイにお掃除して欲しいのですが……笑

皆さんの氣持ちも良く分かります。

なので、これはここまで読んでくださった方へのプレゼント……いわば奥の手。

嫌でも人生が好転する、究極のお掃除をご紹介します。

宇宙に愛されるお掃除――お手洗い

お手洗いをキレイにすると、「金運が上がる」「成功者は毎日掃除している」という話を一度は耳にしたことがありませんか？　これは本当の話。お手洗いには最高で最強の神様がいらっしゃるのです。

私が小さな頃、家神様がそっと教えてくれました。

「遠い昔、国造りの神様たちが日本に降りてきて、それぞれが住む場所、宿る場所を話し合った。

順調に決まっていく中、お手洗いの神だけは決まらない。

それも、そのはず。穢れを嫌う神にとって、昔のお手洗いは水洗もなく不浄で忌み嫌われる場所。

皆が途方に暮れはじめたとき、

『仕方ない、私が行こう』と手をあげたのが、地球上で最強の神様。どんな神より強く、美しく、穢れをものともしない神がお手洗いには住んでいる」と。だから、このお手洗いの神様を大切にするとその家、その住人、職場であれば会社、お店全てが繁栄し成功します。

お手洗いの神様に味方されるということは、宇宙のパワーを手にするも同然。健康運、恋愛運、仕事運、金運、結婚運、出逢い運、対人運、人氣運、など強運が舞い込むでしょう。

では、どんなお掃除をすれば、お手洗いの神様に味方されるのでしょうか？

最強の神様に味方される——お手洗いのルール

最強の神様だけに、他のお部屋のルールよりも厳しく感じるかもしれません。でもその分、効果は絶大。

全てできなくても、１つずつ、マイペースで意識することを増やしてみてください。

①毎日お掃除する

お手洗いは本来ならお家の中で特に汚れやすく、不浄の念や邪氣が溜まりやすい場所。また、あの世とこの世との境目になる場所でもあり、汚れたままでは即、地獄界に繋がってしまいます。汚れる前に、悪臭が氣になる前にキレイにしましょう。影響が強いので、たとえ他の部屋がキレイでも、お手洗いから邪氣が漏れ出ていると全体の運氣がさがります。

お手洗いは、身体に摂り入れた不要なモノを最後に排出する場所。キレイにするとエネルギーの循環も整います。お手洗いで「金運が良くなる」と言われることが多いのは、お金は水の氣、循環するものなのでこの氣の流れが整うからです。

玄関が運氣の入口であったように、お手洗いは出口。出口をキレイにすることで入口から良いものがどんどん入ってきます。イライラしたときや、物事がスムーズにいかないときは、お手洗いを何度も磨いてみてください。また、せっかくなら玄関とお手洗い、出入口をセットでキレイにすると最大限に運氣を上げることができるでしょう。

②朝一番にお掃除する

歯磨きや顔を洗ったり、自分の身支度をしたりする前にお掃除をしてみてください。

お掃除をする時間は特別、自分の中にいる神様、守護霊、ご先祖様、家神様などさまざまな存在を感じ、感謝し、感じられる時間です。

朝からお掃除をすることで神様も喜び、その日一日を快適に過ごすことができるでしょう。

「毎日、毎朝、磨きなさい。必ず良いことがあるよ」

それが家神様からのメッセージです。

そして、お手洗いのお掃除は、一日一回という決まりはありません。一日に何度でも、磨けば磨くほど効果があります。疲れや悩みも、お手洗いを磨いているうちに水に流れていくでしょう。お掃除中に、神様に相談すると、閃きやヒントもくれるはず。

③やってはいけないこと

ここで、お手洗いでNGなことを集めてみました。

お手洗いチェックリスト

- □お手洗いで漫画、雑誌、新聞を読む、または置いてある
- □携帯を持ち込む
- □髪の毛やホコリを捨てる
- □汚してもそのままにしている
- □食べ残しや生ごみを流す
- □唾を吐く
- □便座の蓋を閉めない（洋式の場合）
- □床を拭いていない

□臭いが染みついている
□モノがごちゃごちゃしている
□換氣扇が汚れている
□誰かが掃除していてキレイ、自分でする必要がない

どれも神様に嫌われる行為です。二つ以上当てはまると神様がだんまりをはじめるので、次の章を読んで少しずつ機嫌を直していただきましょう。笑

先述したように、お手洗いは出口、手放す場所。

本や新聞を読んだり、情報を入れるには向かない所です。また、無駄に長居してしまうと氣の乱れの原因ともなるでしょう。

携帯電話も情報収集や連絡を繋ぐものなので、お手洗いで操作していると縁が薄くなってしまいます。


唾や髪の毛、生ごみ、ホコリなどの排泄物以外のモノは、お手洗いの神様が受け取る

べきものではありません。拾って、部屋の中のゴミ箱に捨てましょう。
もし、誤って流してしまった場合は「ごめんなさい」と素直に謝れば許してもらえます。

お手洗いの蓋は、開いているとそこから嫌なモノが上がって来たり、金運が逃げてしまいますので使用するとき以外はしっかり蓋を閉めましょう。

臭いがあったり、換氣扇や床を拭いていないということは、お掃除が行き届いていない可能性があります。また、誰かと一緒に暮らしていて、自分で掃除をしていない場合。お掃除をしている人に一番加護がつくので、お家のお手洗いがキレイなことはとっても良いことですが、自分でもお掃除をするように心がけましょう。

④お手洗いのお掃除方法

これまでお掃除を全くしてこなかったという人にとって、急に毎日毎朝お掃除をしましょう、と言ってもハードルが高く、ストレスに感じてしまうかもしれません。

習慣化するまでの間は、3カ月や1カ月に一回からスタートして……2週間、1週間と徐々に回数を増やしていければ大丈夫です。無理なく、できる範囲ではじめましょう。お掃除の回数が増えていくうちに、逆にお掃除にかかる時間はどんどん短くなっていきます。

はじめのうちは汚れを落とすのに1時間、30分とかかっていたのが5分くらいで終わるようになります。

また、便器の中や床を触る抵抗も、徐々に薄れ、ゴム手袋やお掃除道具も必要なくなるはずです。

「お手洗いは汚い場所」そんな思い込みはありませんか？

お手洗いを使うのは私たち人間。汚いと感じるということは、無意識のうちに自分のことや人を汚いと感じ、実は存在を否定することに繋がっています。

「潜在意識レベルで自分や他人を愛せるようになる」

そんなメリットもお手洗いのお掃除には隠されているのです。

具体的なお掃除方法ですが、ほうきやはたきをかけるのは週に一度やお家全体でほうきを使うときで大丈夫です。便器の外側や床をぞうきんで拭いて、便器の中を磨きましょう。このとき使うお掃除道具も、ＥＭＷや重曹、クエン酸、生分解性の高い洗剤を使うようにしましょう。（詳しい理由は第４章をご覧ください）

⑤お家以外をキレイにする

自宅のお手洗いがキレイになってきたら、もう一歩進んでみませんか？

職場、学校、駅、公園、デパートや飲食店、スーパー、コンビニなどお家以外でお手洗いを使うことありますよね？　使った後、どうしていますか？　汚さないにしても、キレイにお掃除をして出ることはあまりないと思います。

自宅以外でお手洗いを借りたら、「おかげで助かりました」「スッキリしました」と、お掃除をして感謝を返しましょう。

床に落ちているゴミを拾ったり、スリッパを並べたり、些細なことでいいのです。入った時よりも少しでも美しくしてお返しすれば、その土地に住まう神様たちからも感謝され、さらにはその後に使う誰か、その誰かの守護霊も感謝されることになり、幸福の連鎖が止まらなくなります。

また、誰も見ていないところで良いことをするのは「陰徳」という、とても徳の高い行為。続けることで徳貯金が溜まり、思いがけないご褒美が与えられるでしょう。

⑥お手洗いは〇〇で磨く

これまでお伝えしてきたお掃除方法を実践していただければ、劇的に運氣が良くなっているのを感じられるはず。最後にもう一つだけ……お掃除の効果を10倍にする方法。

最後にして最強の裏技……。

それは、「お手洗いは素手で磨くこと!」

正確には、便器の中ですね。

外側はぞうきんなどで拭きあげて、便器の中の奥まで手を入れて磨きます。ブラシやスポンジだと、細かいところがお掃除しにくかったり、使った後の置き場所が汚れたりしませんか？　素手でお掃除すれば、そんなストレスからも解放され、運氣も跳ね上がります。

「人生を変えたい」「もう何もかも嫌だ」「どんなことをしてでも成功したい」そう望むなら、一カ月だけでもお手洗いのお掃除に全力を懸けてみてください。それだけの価値、パワーがお手洗いにはあります。

まずは毎日、毎朝のお掃除を習慣に、そして最後に素手で！　あなたの限界と常識の壁を超えた時、幸運の女神様が微笑むでしょう。

第8章

お掃除の疑問　～体験者の声　Q&A

お掃除 Q&A

この章では、講座やセミナーにお越しいただき、お掃除を実践した方からの疑問やお悩みをQ&Aでまとめています。

お掃除以外のお話も出てきますが、日々の生活の参考になれば幸いです。

Q　自宅と職場の掃除以外で、仕事運を上げる方法はありますか？（40代男性）

A　お仕事で使う道具、着るものをキレイにしましょう。鞄を整頓し、ゴミや必要なくなった書類は処分しましょう。時計やボールペンなどの小物類もピカピカに磨きましょう。お仕事は人とのご縁が大切ですよね、モノを大切にすることで人からも大切にされ、良縁が結ばれます。

Q　洋服やお財布、高価なモノを身に着けた方が開運しますか？

A　大切なのは、値段よりもご自身が氣に入るか、氣に入らないか、です。氣に入ればたとえ安価なモノでもエネルギーが入りあなたにとってのパワーアイテムとなり得るでしょう。ただ、高価なモノや時間をかけて作られたモノは、作り手の愛や、エネルギーが入っていて持つだけで運氣が上がるのも事実です。それも全てが当てはまるわけではないので、流行りや金額ではなく、ご自身の好みや判断を大切にしてください。

Q　子供が小さくてお掃除ができません。また、せっかく片づけてもすぐに散らかってしまいイライラしてしまいます。

A　こういう場合、大切にして欲しいのは居心地のよさ。結局、お掃除をするのは幸せになるため、快適に暮らすため、自分や家族のためなのです。完璧にキレイにしようとして、お子さんや家族にイライラする必要はないのです。だって、お掃除をしたいと思ったのはきっとみんなの幸せを願ったからでしょう？　まだお子さんが小さいうちは、散らかっていても良い！　汚れていても良い！　と自分に許可を出しましょう。その上で、どこか一カ所、冷蔵庫や棚の上、お財布の中など、お子さんの手が届きにくい場所をキレイにして魔除けスポットとしましょう。

Q　家をキレイにしたくても、家族が協力的ではありません。勝手に捨てたりしても大丈夫ですか？

A　自分以外の誰かと一緒に住んでいると、出てきやすい悩みですね。こんな時は、「自分以外を変えようとしないこと」それが鉄則。私たちも、勝手に仕事道具を捨てられたり、思い出の大切なモノを捨てられたら悲しいですよね。絶対的な基準はなく、モノの価値は人それぞれ、自分自身で判断するしかありません。自分の部屋、自分のスペースを徹底的にキレイにしてください。そして、可能な範囲でお手洗いやお風呂場など共同の場所がキレイになれば、ご家族も波動が変わったこと、心地よさを感じ、徐々に協力的になってくれるはず。もし、そうならなくてもあまり期待せず、自分に集中しましょう。

Q　手鏡以外で持ち歩ける邪氣を祓えるモノはありますか？

A　つげの櫛がおすすめ。日本では古来から「ツキを呼び込むつげの櫛」と言われていて、邪氣を祓うだけでなく、玄関に置いたり持ち歩くことでツキを呼び込むとされています。
また、髪の毛のように香りが移りやすいモノは邪氣も同じように憑きやすく櫛でとかすことで邪氣を祓えます。人ごみや、嫌な人、嫌な出来事があったら櫛を通すと氣分が落ち着きますよ。

「髪」も「紙」も、「神」と同じ「カミ」それだけ霊的な意味、力も強いのでしっかりお手入れすることで神のご加護をしっかり受け取ることができます。

Q　くさい臭いからは邪氣が出ているといいますが、生ゴミの臭いや捨て方はどうしたらいいですか？

A　まず、全てのゴミに言えるのですがお掃除をして無駄なものが減ってきたら、毎日出すゴミもどんどん少なくなるように努力しましょう。ゴミ袋やゴミ箱をどんどん小さなモノにしていくと自然に意識できます。
生ごみも、できる限り食材の全てを使い切り、買いだめや食べ残しなどで大量のゴミが出ないように氣をつけること。それでも出てしまった生ゴミは、袋や、専用のケースに入れてすぐに冷凍し、ゴミ出しの日まで保管しておけば臭いは氣になりません。「生ゴミ」というと冷凍庫に入れることに抵抗を感じるかもしれませんが、調理前は同じように冷蔵庫に入っていた食材です。汚いものではありませんよね。その他、重曹やＥＭＷを振りかけておくことで臭いの発生を抑えることもできます。

Ｑ　お掃除で霊感は強くなりますか？

Ａ　なります！　笑　元々霊感は誰にでもあるものですし、お掃除をはじめてしばらくすると、これまで氣にしていなかったモノや場所が目についたり、お掃除したくなる体験をするはずです。それがまさに霊性の開花。今まで見えていなかったモノが、どんどん見えてくるようになるのです。続けていくうちに、ピカピカになった場所が喜んでいるのを感じたり、時にはお礼をしてくれるのが分かるようになるはずです。

もう一つ、マグネシウムでお洗濯や化学物質を減らしていくことで香りに敏感になります。香りに敏感になるということは、本能や閃き、動物的感覚も鋭くなるので

天使か、悪魔憑きか、香りでも見分けがつくようになりますよ。笑

Q　**陰徳をつむ方法を教えてください。**

A　難しく考える必要も、陰徳にこだわる必要もありません。道端のゴミを拾ったり、会社や学校に少しだけ早く行って、机を整えるとか、明るく挨拶をするとか、簡単なことでいいのです。

氣を付けて欲しいのは、「○○しなければならない」「○○しないと不幸になる」という思い込みは捨てることです。神様は罰をあてたりする存在ではありません、もし間違っていても氣づくまで温かく見守ってくださいます。

最終章

お掃除の心得

～神様に味方される生き方

お家は自分の分身

お家は自分の肉体と同じ。自分の身体を洗うときに怖い顔をして、汚れが落ちないからといってゴシゴシこすったり、強い洗剤を使ったりはしないはず。

私たちが病氣の時やちょっとめんどくさい時にお風呂に入らない日があったり、軽くシャワーだけで済ませることがあるように、お掃除も完璧を目指す必要はありません。ただ、今までよりもお家をいたわる氣持ちや、感謝の氣持ちを持つことが、自分を大切にすることに繋がります。

自分を愛せないと他人から愛されることはありません。まずは、自分を、お家を愛してください。

地球に優しい生活を——自分は自然の一部分

私は仕事で毎月、１００人以上の方とお会いしますが、オーラがくすんでいたり、輝いていたり人それぞれ。

でも、ご加護を受けている人、強運に恵まれている人、神霊世界のパワーに守られているようないわゆる「神がかっている人」には共通点があります。

①自分が満たされ、幸せであること。
②それが社会貢献や地球のためになっていること。

この二つのバランスが取れている人は神様や龍神のご加護を受けやすいといえるでしょう。

守護霊やご先祖様は、どんな時もあなただけの強い味方。たとえ氣づいてもらえなくても、忘れられていても、ずっとそばにいて見守っています。あなたが苦しい時は励まし、嬉しい時は一緒に笑い、喜び、いつも共に在る。

だから、あなたが不幸になること、苦しむことには力が貸せません。全力が出せずに力が眠ってしまいます。守護霊、ご先祖様の力を最大限に生かせる方法は、まずは自分が幸せになること、人生を楽しむこと！

自利と利他……中道を行きましょう。

人のため、社会の役に立ちたいと氣を使いすぎて自分が辛くなっては意味がなく、自分勝手過ぎるのも注意が必要です。

お掃除一つにしても、早くキレイにしたいからといって、ゴミの分別を適当にしたり、環境汚染につながるような洗剤を使い続けていたらどうでしょうか？　いくら部屋がキレイになっても、地球や地球由来の神様や精霊が味方することはないでしょう。

今すぐ、今日から

もし、この本を読んで少しでも共感していただけたなら、お家にある洗剤やシャンプーを今すぐ見直してもらえませんか？

「今ある洗剤がなくなったら」「いつか時間があるときに……」という間に、地球の水は汚染され、海に、大地に、空に還り、今、この瞬間も誰かが苦しんでいます。

時代は変わりました。

全体に目を向け、行動を起こして欲しいのです。

あなたのその一歩が世界を救います。

お掃除——落とすのは汚れだけじゃない

お掃除をはじめてしばらくすると、お掃除が楽しく、大好きになって「全部キレイになったら掃除するところが無くなる！」と不安に思う方がいます。

素敵なことですね。……でも安心してください、お掃除する場所は永遠になくなりません。笑

片づけやお掃除は、整ってキレイになるまでは汚れを落とすことに集中しましょう。そして、キレイになったら、汚れていなくても、散らかっていなくても、その美しさを保つために行いましょう。

私たちは、日常生活の中で知らず知らずのうちに排氣ガスやハウスダスト、砂ボコリ、汗や皮脂で汚れていきます。その証拠に二、三日お風呂に入らないと氣持ち悪く感じるのではないでしょうか？

同じようにお家も……そして心も穢れていきます。

日々のストレスや誰かを羨んだり、逆に嫉妬されたりといったネガティブな感情は誰しもあります。大切なのはその氣持ちを次の日まで持ちこさないこと、お風呂で心も身体もキレイにしましょう。

とはいっても、目に見えない感情や精神的なことは、ケアが難しい部分でもあります。その解決方法が家神様とのお掃除。

お掃除で磨かれるのはお家だけでなく、魂も磨かれています。続ければ続けるほど、あなたの心の垢も剥がれてキレイになるのです。

＊　＊　＊

ここまで読んでくださり、ありがとうございます。

これから先の話は……信じるか、信じないかはあなた次第。笑

実は、この本の出版は一年以上前からお話をいただき、進めてきました。その頃はまだ講座やイベントは年に一回程度、銀座のサロンで個人相談を中心にお仕事をさせてい

ただいていました。

そんな中、出版の打ち合せがはじまると、講座やイベントの依頼が急に増え、テレビ出演や取材が次々と決まっていきます。本当に奇跡の連続。全てが順調で、神様に「たくさんの人に伝えて欲しい」と背中を押してもらっていると感じました。

私は、宗教に入っていたり、特別な思想はありません。でも、小さな頃は学校が終わったら神社で遊んで、日が沈む頃にお寺で鐘をつかせてもらったり、クリスマスも楽しみました。それが許される日本の文化や、大らかな神様が大好きです。


そして、この本を手に取ってくださった皆様にも、神様の素晴らしさやエネルギーが伝わるように、執筆中、日本全国旅をし、30カ所以上の神社を巡り、ご挨拶とご報告をしながら、ご加護をいただいてきました。

この本は、八百万《やおよろず》の神様の愛が詰まった、見るだけ、読むだけでも幸せになれるパワーブックなのです。


……でも、やっぱり、一番は実践すること。

本書には、確実に開運できる方法が書いてあります。だけどそれは、料理のレシピと同じ、上手くできるか……できても自分の口に合うかどうか……作って食べてみないと分からない。試してみて、アレンジすることで良くなる場合もありますね。

人生も経験して、味わってみないと分からないのです。どうか、恥をかくこと、失敗することを恐れないで。

行動を起こせば、人生はいかようにも変えられるのです。

でも決して、頑張りすぎないこと。

心の声、身体の声を聴き、疲れたら休みましょう。一日中寝ている日があってもいい。自分を幸せにできるのも、大切にできるのも自分自身でしかなく、誰かに代わりにやってもらうことはできないのです。

世界平和のために

世界は個の集合でしかなく、そこに存在する集合意識は、私たち一人ひとりが何を考え、何を感じているか、で決まります。

不幸な人が多ければ、世界は憎しみ、悲しみに傾き、幸せな人が多ければ　笑顔で争いのない世界が造られるでしょう。


地球はまあるく、縁で繋がっています。

あなたが笑えば、隣の人、近くの人も楽しくなって……。

一日一日、世界は平和に近づきます。


もし、誰かに優しくする余裕がないのなら、それは頑張りすぎてきたから。決して自分を責めないで。

楽しいこと、嬉しいことを自分に与えることからはじめましょう。

誰かの代わりに、あなたが犠牲になること、不幸になることを神様は望みません。

だからこそ、お掃除という誰にでもできる方法を神様は与えてくださったのです。

神様が味方する奇跡のお掃除術。

一人でも多くの方が、神様の存在を身近に感じ、お掃除を楽しむきっかけになれば幸いです。

嶋田美幸（空ＳＯＲＡ）

心優しいあなたへ

私は、貴方がなぜ悩むのかを知っています。

なぜ、そんなにも苦しいのか。

迷惑をかけたくない、嫌われたくない、ちゃんとしなきゃ、足並みをそろえなきゃ。
と周りに氣を使うあまり我慢ばかりして。

自分が本当に好きなこと、やりたいことすら分からなくなってしまった苦しさが痛いほど分かります。

大切な人を失って、悲しくて寂しくて、その痛みを麻痺させたことも。

信じていた人に裏切られて、傷ついて、もう誰も信じない。と心に決めたことも。

でも、本当は誰かを愛したいし、愛されたいと願っていることも。

自分のことが、自分で分からない苦しさも。

全ては、貴方が世界に優しすぎたから。

どうか、もっと素直に、正直に生きてください。

泣きたい時は泣いて、笑いたい時は笑って、
怒りたいときは叫んで……。
イヤな人がいたら「性格悪いですね。」って笑って、

素直に、頑張りすぎずに

どうか自分にも甘く、優しくあってください。

あとがき

私は子供の頃、たくさんの夢がありました。
パン屋さん、ケーキ屋さん、看護師さん、保育士さん。
そして、何よりも本氣で願ったのが占い師と小説家。

怖い話、小説や漫画が大好きで、友達とも遊ばず、テレビも見ず、本の世界や、目に見えない世界で遊ぶのが楽しくて仕方がなかったあの頃……。
テレビも見ずにずっと静かに部屋に籠るので、母には「この子は大丈夫かしら？」とよく心配されたものです。笑
この頃はまだ、人と口をきくのが嫌いで、誰とも関わりたくなかったのを覚えています。そんな私を変えてくれたのも占いと本の世界。

本からはたくさんのことを知識として学び、吸収しました。占いからはその知識を生

かす術を得ました。

私の人生を導き、救ってくれた憧れの職業。

でも、どうやったらなれるのかも分からず、ずいぶんと遠回りをしたし、諦めたことも……。今ではその遠回りにあった道も全て、必要なご縁。これまでの人生で出逢った人、これから出逢う人、そして見えない世界の住人たち……本の神様へ、少しでも、恩返しと恩送りができれば幸いです。

最後になりましたが、この本の出版にあたり、すばらしい機会を与えてくださった西川隆光先生、岩谷洋介さん、編集を担当してくださった高橋秀和さん。

そして……私に心の悩みを共有してくださった皆さん。皆さんの悩みや経験に寄り添うことができなければ、この本は生まれませんでした。

心から感謝いたします。

私が実際に使用している、お掃除道具をこちらのブログにまとめてあります。随時更新していますのでご参考にしていただければ幸いです。

公式メルマガ

https://smart.reservestock.jp/subscribe_form/index/111950/1215600

占いやお掃除の情報を配信中。また、鑑定やイベントの優先案内が受け取れます。

ブログ「はがすとキレイ」　神様が味方する「お掃除道具」

https://ameblo.jp/hagasutokirei/entry-12562365458.html

空SORA　LINE友だち登録

https://line.me/R/ti/p/%40cky0726z

公式LINEでは開運やスピリチュアルメッセージが無料で受け取れます。

公式ＹｏｕＴｕｂｅチャンネル
https://www.youtube.com/channel/UCGo8NraOQpS7twqYC2YOE3g

著者プロフィール

嶋田美幸（空 SORA）

熊本県で三代続く瓦屋の娘として生まれ、神社や日本文化について幼少期から興味を持つ。霊的才能を生かし、銀座エルアモールで№1霊的占い師として活動、現在予約は半年待ち。
会うだけで心が晴れ、強運に、そして現実まで変わると口コミやメディアで取り上げられ個人鑑定の他、独自のお掃除方法や開運方法をセミナーや講演会を通じて多くの人に伝え続けている。

神様が味方する奇跡のお掃除術

——家と自分をパワースポットにして大開運！

2020年2月4日　初版第1刷発行
2021年7月29日　初版第4刷発行

著　者　　嶋田美幸（空 SORA）

企画・編集協力
　　　　　西川隆光
　　　　　岩谷洋介（H&S株式会社）

装　丁　　神長文夫＋坂入由美子
イラスト　MICANO工房
組　版　　松嵜 剛

発行者　　高橋秀和
発行所　　今日《こんにち》の話題社《わだいしゃ》
　　　　　東京都品川区平塚2-1-16 KKビル5F
　　　　　TEL 03-3782-5231　FAX 03-3785-0882

印　刷　　平文社
製　本　　難波製本

ISBN978-4-87565-649-4　C0077